# 실전 Edition I
# 증여 솔루션

나에게 맞는
똑똑한 증여를 위한 명쾌한 답변

# 실전
# 증여 솔루션

Edition I

—

저자 노희구

좋은땅

# 프롤로그(prologue)


한국 사람들의 증여에 대한 관심은 우리가 상상하는 이상이다. 증여를 통하여 다음 세대로 재산을 이전하는 것이 부모 자신의 의지를 확고하게 반영할 수 있고 자녀가 경제적으로 필요한 시점에 맞춰 도움을 줄 수 있을 뿐만 아니라 세부담 측면에서 유리하다고 생각하기 때문이다. 그런데 각자 처한 상황이 다름에도 불구하고 매스컴이나 주변의 이야기에 따라 주먹구구식으로 증여를 결정하는 경우를 많이 본다. 이에 저자는 재산이전의 한 방편으로서의 증여를 과연 어떻게 접근하여야 할까? 하는 궁금증에서 이 책을 집필하게 되었다.

이에 Part 1에서는 사람들이 왜 증여를 생각하는가? 반대로 왜 증여를 주저하는가? 똑똑한 증여를 위해서 어떻게 접근해야 하는가?에 대하여 살펴보았다. Part 2에서는 증여에서 가장 기본적인 세금인 증여세에 대하여 기술하고, Part 3에서는 부동산과 금융재산 그리고 비상장주식으로 나누어 증여로 인한 단계별 세금효과와 절세요령에 대하여 설명하였다. 아울러 Part 4에서는 앞에서 살펴본 증여와 관련한 세금의 이해를 통하여 독자 스스로가 나에게 맞는 증여플랜을 세워 볼 수 있도록 기술하였고, 마지막으로 Part 5에서는 증여세 신고납부 절차, 그리고 증여세 세무조사에 대하여 살펴보았다.

이 책은 다음과 같은 차별적 특징을 가지고 있다. 첫째, 증여를 세대 간 재산이전의 일련의 절차로 이해하여 증여단계뿐만 아니라 증여 이후 보유단계와 양도나 상속 등의 처분단계까지 증여로 인한 세금효과를 체계적으로 설명하고자 했다. 둘째, 저자는 다년간 증여에 대한 실무적 경험과 세무전문가를 위한 『상속세 및 증여세 실무해설』의 저자로서의 이론적 지식을 바탕으로 독자가 알아야 하는 내용을 엄선하여 이를 소개하였다. 셋째, 증여문제를 실무적 흐름에 맞춰 부동산·금융재산·비상장주식으로 나누어 살펴봄으로써 독자가 보다 쉽게 이해할 수 있도록 하였다. 넷째, 각자 상황과 니즈에 맞게 스스로 증여플랜을 수립하거나 각자가 가지고 있는 기존의 증여플랜을 검증할 수 있게끔 셀프절세플랜을 기술하였다. 다섯째, 실무적 관점에서 과세관청은 어떻게 증여누락 사실을 파악하여 이를 과세하는지에 대하여 기술하였다.

증여에 대하여 각자 사람마다 처한 상황이 다르고 니즈도 다르기 때문에 이를 올바르게 판단하는 데는 어려움이 있다. 그러나 사전증여가 아니면 필연적으로 자녀들이 상속을 통하여 재산을 배분할 수밖에 없으며 더 나아가 증여를 통하여 절세가 가능하다는 점을 생각하면 사전증여에 대한 깊은 성찰도 의미가 있지 않을까 생각해 본다.

2019년 10월 가을에
저자 노희구

# 목차

## PART 1
## 증여의 시작

## PART 2
## 증여세 이해하기

# PART 5
## 증여세
## 신고납부

※ 본 책자에서는 독자의 편의를 위하여 증여세법이란 용어를 사용하였으나 이는 상속세 및 증여세법이 세법상 올바른 용어임을 참조하시길 바랍니다.

# PART 1

# 증여의 시작

## 01 왜 증여인가?

*사전증여가 세부담 측면뿐만 아니라 갈등조정 측면에서 유리*

한 세대에서 다음 세대로 보유재산을 이전하는 방법에는 상속과 증여, 두 가지 방법이 있다. 그런데 증여에 의하여 재산이전하면 수증자가 부담하는 세금보다 증여자에게 감소하는 세금이 더 크기 때문에 세부담 측면에서 유리할 수 있고, 부모의 의지가 반영된 사전증여를 통하여 재산분배로 인한 갈등을 최소화할 수 있는 장점이 있다.

### 파느니 차라리 자녀에게 증여하자

부동산 가격상승과 이에 대응하기 위한 과세당국의 고강도 세금 강화 조치로 인하여 지난 몇 년 사이에 증여에 대한 관심이 무척이나 많아졌다. 이는 부동산에 대한 각종 세금 규제로 팔기 어려울 뿐만 아니라 양도에 따른 세금이 상당히 올라 있는 상황에서 그 대안으로 증여를 선택하는 결과로 해석된다.

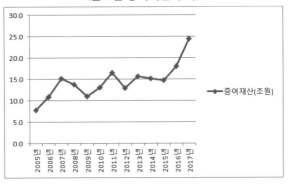

〈연도별 증여재산 추이〉

* 자료 출처: 국세청 국세통계 연도별 증여세 결정 현황

## 증여는 이미 트랜드로 자리 잡아

국세청에서 발표한 국세통계를 보면 과세당국에서 2017년 한 해 동안의 증여세 결정인원은 32만명 정도이며, 증여재산 규모도 24.5조원이 넘는 수치를 보이고 있다. 아울러 과거보다 증여자 수나 증여재산이 양적으로 늘었을 뿐만 아니라 고액 증여가 늘고 있으며, 증여대상도 자녀나 배우자에서 손자나 며느리·사위로 점점 확대되고 있는 추세이다. 사회가 발전함에 따라 자산가치가 계속 오르고 있고 향후 베이비부머 세대의 재산이전이 예정되어 있는 상황을 보면 사람들의 증여에 대한 관심이 점점 더 커질 것으로 예상된다.

## 사전증여를 하는 이유는?

그럼 사람들이 상속이 아닌 증여를 선택하는 이유는 무엇일까?

## • 증여가 세부담 측면에서 유리

증여받는 수증자 입장에서 보면 취득단계에서 증여세나 취득세를 부담하고, 보유단계에서 재산세나 종합부동산세, 종합소득세와 사회보험료 부담이 증가하며, 양도 또는 상속시 양도소득세와 상속세 또한 증가한다. 반면에 증여하는 증여자 입장에서 보면 보유에 따른 재산세나 종합부동산세, 종합소득세와 사회보험료와 상속시 상속세가 줄고 양도에 따른 양도소득세 부담이 없어지게 된다. 이러한 수증자 또는 증여자의 세금상 유ㆍ불리에도 불구하고 사전증여를 하는 이유는 수증자가 부담하는 세금보다 증여자가 감소하는 세금이 더 클 수 있기 때문이다.

## • 부모에겐 잉여재산, 자녀에겐 필요재산

부모는 현재 보유한 재산과 향후 얻게 될 소득에서 여생 동안 생활에 필요한 재산을 제외한 잉여재산을 승계가 가능한재산으로 생각한다. 반면 자녀는 부모가 증여를 고려하고 있을 시기에 집을 장만하고 자녀 양육에 필요한 자금이 한창 필요한 시기에 있는 경우가 대부분이다. 이에 부모가 자녀에게 자신의 잉여재산을 증여한다면 자녀에게 실질적인 경제적 도움이 될 뿐만 아니라 증여재산으로 인하여 발생하는 미래의 소득과 투자이익을 부모가 아닌 자녀에게 귀속시킬 수 있기에 자녀에게는 일종의 종잣돈(시드머니) 역할을 하게 된다. 아울러 증여를 하면 자녀가 증여 이후 취득하는 재산에 대한 자금출처로 인정되는 근거가 되기도 한다.

## • 상속 갈등 미리 대비 가능

만일 자녀가 1명이고 자녀가 경제적 도움이 절실하지 않다면 굳이 상속의 대안으로 사전증여를 선택하는 것은 별 의미가 없다. 그러나 자녀가 여러 명인 경우라면 사정이 달라진다. 현실적으로 보면 부모가 사망시 재산에 대하여 유언을 하는 경우는 흔하지 않고 상속재산 분배에 대한 서로 다른 생각으로 인하여 상속인 간의 원활하게 상속재산의 분할합의를 하는 경우가 그리 많지 않다. 설령 자녀 사이의 합의를 통하여 상속재산을 분배하더라도 자녀 사이에 표면상 갈등을 원하지 않아 할 말은 있어도 꾹 참고 그냥 넘어가는 경우가 많은데 이는 결국 상속재산 분배 이후에 상속인 사이의 갈등의 씨앗이 되기도 한다. 이에 부모 입장에서 사전증여를 통하여 향후 발생할 가능성이 있는 자녀 사이의 상속 갈등을 사전에 조율하는 도구로 활용할 수 있다.

### 상속보다 사전증여를 선호하는 이유

- 사전증여가 상속보다 전체적인 세부담 면에서 유리할 수 있다.
- 사전증여하면 증여재산으로 인하여 발생하는 미래소득과 투자이익을 부모가 아닌 자녀에게 귀속시킬 수 있다.
- 사전증여는 재산분배에 부모 의지를 반영할 수 있다.
- 증여를 통하여 자녀 간의 재산분배 갈등을 최소화할 수 있다.
- 상속은 1회에 한하여 전면적 승계가 강제되지만, 사전증여는 장기간 수회에 증여시기와 증여대상 물건·증여규모·증여방법을 선택할 수 있다.

- 상속은 유증하지 않는 한 상속인에게만 가능하지만, 사전증여는 자녀, 손자, 며느리, 사위에게도 가능하다.
- 상속은 발생시기가 불확실하여 세금부담 수준 예측이 어렵지만 사전증여는 증여시점에서 예측 가능하다.

# 02 증여는 절세가 포인트다

*증여시 선택 가능한 대안이 많아져 절세의 기회 제공해*

증여를 하게 되면 취득 · 보유 · 처분단계에서 증여자와 수증자에게 세금부담에 영향을 주게 되며, 증여플랜 실행시 선택 가능한 대안이 많아 절세의 기회를 제공한다.


## 증여가 세금에 미치는 영향은?

증여받는 자(수증자)는 면세점 이상의 금액을 증여받으면 증여시점에서 증여세를 납부하여야 하고 아울러 증여재산이 부동산이라면 취득세도 납부하여야 한다. 또한 증여재산의 보유단계나 증여받은 재산을 추후에 양도하거나 상속할 때 증여자와 수증자가 각각 부담하여야 할 세금이 증여 이후에 증여 이전과 비교하여 달라진다. 이에 증여재산 종류별로 간략하게 요약하여 설명하고 별도의 장에서 자세하게 설명한다.

## • 부동산의 경우

부동산을 증여하면 증여자는 재산세나 종합부동산세, 수익용 부동산임대로 인한 종합소득세는 감소하고, 증여자가 증여 이후 10년 이상 생존한다면 상속세가 감소하며 양도시 양도소득세 부담이 소멸된다. 반면에 수증자는 취득단계에서 취득세나 증여세가 새로 발생하거나 증가될 수 있고, 보유단계에서 부담하는 재산세나 종합부동산세, 수익용 부동산임대로 인한 종합소득세가 증가하며, 양도 또는 상속단계에서 부담하는 양도소득세나 상속세는 증가한다.

〈부동산 증여로 인한 증여 전후 세금의 변화〉

| 구분 | 세목 | 증여로 인한 세금효과 | |
|------|------|------|------|
| | | 증여자 | 수증자 |
| 취득단계 | 취득세 | - | 발생 |
| | 증여세 | - | 발생 또는 증가 가능 |
| 보유단계 | 재산세 | 감소 | 증가 |
| | 종합부동산세 | 감소 | 증가 |
| | 종합소득세 | 감소 | 증가 |
| | 사회보험료 | 감소 | 증가 |
| 처분단계 | 양도소득세 | 소멸 | 발생 |
| | 상속세 | 감소 가능 | 증가 |

## • 금융자산의 경우

예금이나 펀드 등의 금융자산을 증여하면 증여자는 보유단계에서 부과된 이자·배당소득의 감소로 종합소득세는 감소하는 경우가 발생할 수 있으며, 만일 증여자가 증여 이후 10년 이상 생존한다면 상속세가 감소한다. 반면에 수증자는 증여세가 부과되거나 증가될 수 있고, 보유단계 부담하는 이자·배당소득의 증가로 종합소득세는 증가하는 경우가 발생할 수 있으며, 상속시 발생하는 상속세가 증가한다.

〈예금·펀드 등 금융재산으로 인한 증여 전후 세금의 변화〉

| 구분 | 세목 | 증여로 인한 세금효과 | |
|------|------|------|------|
| | | 증여자 | 수증자 |
| 취득단계 | 증여세 | - | 발생 또는 증가 가능 |
| 보유단계 | 종합소득세 | 감소 가능 | 증가 가능 |
| | 사회보험료 | 감소 가능 | 증가 |
| 처분단계 | 상속세 | 감소 가능 | 증가 |

• **주식(유가증권)의 경우**

상장주식이나 비상장주식 등의 유가증권을 증여하면 증여자는 보유단계에서 부과된 배당소득의 감소로 종합소득세는 감소하는 경우가 발생할 수 있으며, 만일 증여자가 증여 이후 10년 이상 생존한다면 상속세가 감소하고 양도시 양도소득세 부담이 소멸된다. 반면에 수증자는 증여세가 부과되거나 증가될 수 있고, 보유단계 부담하는 배당소득의 증가로 종합소득세는 증가하는 경우가 발생할 수 있으며, 양도시 양도소득세와 증권거래세가 발생되며, 그리고 상속시 발생하는 상속세가 증가한다.

〈주식증여로 인한 증여전후 세금의 변화〉

| 구분 | 세목 | 증여로 인한 세금효과 | |
|------|------|------|------|
| | | 증여자 | 수증자 |
| 취득단계 | 증여세 | - | 발생 또는 증가 가능 |

| | | | |
|---|---|---|---|
| 보유단계 | 종합소득세 | 감소 가능 | 증가 가능 |
| | 사회보험료 | 감소 가능 | 증가 |
| 처분단계 | 양도소득세 | 소멸 | 발생 |
| | 증권거래세 | - | 발생 |
| | 상속세 | 감소 가능 | 증가 |

## 증여의 최대 강점은 유연함이다

증여는 상속에 비해 많은 장점을 가지고 있다. 상속은 1회에 한하여 전면적 승계가 강제되지만, 사전증여는 장기간 수회에 증여시기와 증여대상물건·증여규모·증여방법을 선택할 수 있다. 아울러 상속은 유증하지 않는 한 상속인에게만 가능하지만 사전증여는 자녀, 손자, 며느리, 사위에게도 가능하다.

## 복잡다단 + 유연 = 절세 기회 ↑

증여를 하게 되면 취득단계에서 보유·처분단계에 이르기까지 장시간 여러 단계에 걸쳐 증여자와 수증자에게 세금부담에 영향을 주게 된다. 그러나 증여에 의한 재산이전 방법은 상속에 비해 여러 가지 측면에서 선택 가능한 대안을 많이 가지고 있으므로 오히려 증여를 통한 재산이전 방법은 절세의 기회를 제공하기도 한다. 이처럼 절세 측면에서 강점을 가질 수 있다는 점은 증여를 선호하는 가장 큰 이유이다.

## 03 막상 증여를 망설이는 이유는?

*증여의 장점에도 불구하고 증여를 망설이는 경우가 많아*

　다소 엉뚱한 질문이지만 부모는 왜 자녀에게 자신이 소유한 재산을 증여하려고 할까? 이를 자산이전동기이론에 통해서 살펴보면 우연적 상속, 부모의 이타적 동기와 전략적 동기 및 자기만족적 동기가 부모에서 자녀에게로의 재산이전에 영향을 끼친다고 한다.

### 부모는 왜 자녀에게 증여할까?

**• 이타적 동기**

　자녀는 자신의 소비를 통하여 효용을 극대화하려는 이기적 존재인 반면 부모는 자신뿐만 아니라 자녀의 효용을 극대화을 추구하는 이타적 존재이기 때문에 부모는 생전에 소유자산을 자식에게 이전하여 자녀의 미래소득을 증가시키려 한다.

**• 전략적 동기**

　부모는 자신의 불확실한 노후생활에 대비하기 위하여 최대한 재산이전 시기를 늦추려 하기도 하고 상속으로 인한 이익을 이미 잘 익히 알고 있는 자녀에게 재산상속을 하지 않을 수 있다는 가능성을 암시하여 자녀의 경제적 독립성을 간접적으로 강요하기도 한다. 아울러 부모는 자녀에게 자신의 노후 부양이나 잦은 방문 등을 기대하면서 재산이전 시기와 방법을 전략적으로 고민한다.

## • 자기만족적 동기

부모는 소유재산을 자녀나 타인에게 증여하여 정신적 만족을 얻는 것을 추구하거나 반대로 사전증여를 하지 않고 상속시까지 자산을 소유함으로 인하여 생전에 부모의 권위를 계속 유지하고자 한다.

## • 우연적 상속

반면 부모는 수명이나 건강 또는 경제적 상황 등이 유동적이기 때문에 이러한 불확실성에 대비하기 위하여 생전에 증여하지 않고 계속하여 자산을 축적하려는 경향도 있다.

**참고** 자녀에게 부모의 사전증여! 어떠한 경우에 증가할까?

연구 자료에 따르면 부모의 경제적 수준이 높을수록, 부모와 자녀 간의 상호교류 빈도수가 많을수록, 부모 연령이 높을수록, 여성 자녀보다 남성 자녀일수록, 부모와 자녀의 교육수준이 높을수록 사전증여행위가 증가하는 것으로 보고되고 있다.

## 막상 증여를 망설이는 이유는?

실제로는 사전증여의 많은 장점에도 불구하고 여러 이유로 인하여 부모는 자녀에게 사전증여를 망설이는 모습을 보이곤 한다. 그럼 부모는 자녀에게의 증여에 대해 주저하는 것일까?

### • 노후 필요재산은 자녀라도 증여 안 해

보건사회연구원의 2017년 노인실태조사보고서 자료에 의하면 '노후에 자녀와 동거하기를 희망하지 않는다'라는 비율이 84.8%로 '동거를 희망한다'라는 비율에 비해 월등하게 높았으며, 이는 2018년 국민연금연구원의 조사에서도 비슷한 결과를 보이고 있다. 이러한 결과를 통하여 유추해 보면 사전증여 결정에 있어서 노후생활에 필요한 거주 주택과 노후생활비 등 남은 여생 동안 생활하기 위하여 필요한 재산을 제외하고 남은 잉여재산에 대해서만 증여대상재산으로 고려할 가능성이 높다.

### • 자산소유로 부모의 요구를 관철시키려

부모는 사전증여하지 않고 상속시까지 자산을 소유함으로써 생전에 부모로서의 권위를 계속 유지하며 자녀는 단지 상속시까지는 상속재산의 잠재적 소유자의 지위에 불과함을 인식시킴으로써 부모가 자녀에 대하여 원하는 관계를 지속하려 하기에 자녀에게 증여를 꺼리게 된다.

단위: 천원

| 거주 지역 | 부부 기준 | | 개인 기준 | |
|---|---|---|---|---|
| | 최소노후 생활비 | 적정노후 생활비 | 최소노후 생활비 | 적정노후 생활비 |
| 서울 지역 | 1,991 | 2,844 | 1,224 | 1,771 |
| 광역시 지역 | 1,740 | 2,361 | 1,010 | 1,393 |
| 도 지역 | 1,690 | 2,328 | 1,064 | 1,523 |
| 평균 | 1,760 | 2,433 | 1,080 | 1,537 |

\* 출처: 중·고령자의 경제생활 및 노후준비 실태조사(2018, 국민연금연구원)

### • 자식에게 미칠 부정적 영향 우려

부모는 증여로 인하여 자녀의 근로의욕이 저하될 것을 걱정한다. 또한 자신의 소유재산이 감소됨으로써 증여 이후에 부모에게 발생할지 모를 가족 내의 권위 약화를 우려한다. 아울러 특정 자녀의 증여로 인하여 다른 자녀가 불만을 갖게 되어 가족 내 갈등이 표면화되는 것을 두려워한다.

### • 증여재산이 헛되이 없어지는 것은 반대

부모가 자녀보다 재산운영능력이 더 있다고 생각한다면 증여하지 않으려 하며, 반대로 자녀가 재산운영능력이 더 뛰어나다고 생각하면 증여를 적극적으로 고려한다. 아울러 증여가 자칫 자녀의 낭비행위로 이어져 증여재산이 아예 없어질까 봐 우려한다. 아울러 부모는 자녀에게 증여재산이 자녀의 생활비 등으로 소비되지 않고 대대로 계승되기를 원한다.

## • 당장에 이전비용이 부족

생전증여를 하기로 결정하더라도 증여로 인하여 발생되는 비용, 즉 부동산등기비용이나 증여세를 부담할 능력이 되지 않지 않거나 부담이 된다면 실제 증여가 이루어지지 않는다.

### 사전증여를 망설이는 이유

- 노후 불확실성에 대비해 최대한 재산이전 시기를 늦추려 한다.
- 사전증여는 자녀의 경제적 독립심에 도움이 되지 않는다.
- 사전증여로 자녀 간의 충돌로 가족 내 갈등이 야기된다.
- 재산소유로 가능한 노후부양 등의 요구를 할 수 없게 된다.
- 자산보유로 부모권위를 유지하거나 미래소비 기회가 상실된다.
- 부모가 자녀보다 재산운영능력이 있어서 재산증대에 유리하다.
- 자녀의 소비 증대로 재산이 없어질 가능성이 높다.
- 증여로 인한 증여세나 취득세의 이전비용이 부담된다.

## 상속으로 재산이전시 각오해야 할 것들

부모가 자녀에게 자신의 재산을 승계할 경우 사전증여가 아니라면 상속의 방법으로 승계할 수밖에 없다. 그러나 상속재산이 일정 규모 이상이면 상속세 측면에서 불리할 수 있으며 사전증여시 적용 가능한 절세효과를 포기하여야 한다. 아울러 부모님의 평균수명이 늘어남에 따라 노인인 부모가 노인인 자녀에게 상속(老-老상속)으로 인하여 경제적 도움이 필요한 시기에 있는 자녀가 상속 이전에는 도움을 받을 수 없으며, 부모의 유언에 의하지 않고는 상속재산 배분에 있어 부모의 상속재산에 대한 의지를 반영할 수 없게 된다. 그리고 상속재산 배분은 부모의 유언에 의하지 않는 한 손자녀 등에게는 재산이전이 불가능하며, 상속인 간의 협의에 의해 재산분배과정에 이해관계의 조정자 부재로 상속 갈등이 야기될 수 있다.

### 상속으로 재산이전을 하는 경우 각오해야 할 것

- 상속재산이 일정 규모 이상이면 상속세 측면에서 불리하다.
- 사전증여가 가지고 있는 절세효과를 포기하여야 한다.
- 경제적 도움이 필요한 자녀가 적시에 도움을 받을 수 없다.
- 유언 말고는 상속재산 배분에 부모 의지를 반영할 수 없다.
- 상속인 간의 재산분배시 조정자 부재로 갈등이 불가피하다.
- 유증하지 않는 한 상속재산 배분은 상속인에게만 가능하다.

## 04 똑똑한 증여 vs 나쁜 증여

*주어진 상황과 선호에 맞는 나만의 원칙에 따라 증여해야*

증여에 대한 관심은 부쩍 증가한 것은 사실이지만 많은 장점에도 불구하고 실제 증여를 실행하는 데 주저하는 모습을 흔히 보게 된다. 이는 증여의 장점도 있지만 아울러 증여의 당사자인 부모와 자녀에게 끼치는 부정적 영향도 있음을 알고 있기 때문이다.

### 증여에서 키맨(Key man)은 부모다

증여의 이해당사자는 증여를 하는 사람(부모)과 증여를 받는 자녀, 그리고 증여를 받지 않는 자녀다. 이 중에서 증여결정의 주도권을 가지고 있는 사람은 단연 증여를 하는 부모다. 부모는 재산이전에 대한 결정이 자신의 고유 권한이라고 생각하고 자녀와 독립적 노후생활을 원하기에 노후생활에 필요한 재산은 결코 증여하려 하지 않는다. 한편 노후 필요재산을 제외한 잉여재산에 대해서는 증여의 유연성과 계획 가능성을 활용하여 증여할지 아니면 상속으로 다음 세대로 재산이전을 할지에 대하여 고민한다. 아울러 실제 증여를 결정함에 있어서도 절세를 통한 가족 내 증여재산의 극대화 측면만을 고려하는 것이 아니라 증여로 인하여 증여받는 자녀와 증여받지 않는 자녀에게 미치는 부정적 영향과 증여 이후 자신에게 미칠 부모의 권위 약화나 미래의 소비기회 상실에 대해 기꺼이 감내할 수 있는지에 대하여 숙고한다.

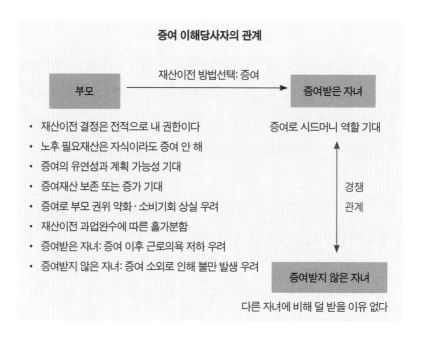

**증여 이해당사자의 관계**

재산이전 방법선택: 증여

부모 → 증여받은 자녀

- 재산이전 결정은 전적으로 내 권한이다
- 노후 필요재산은 자식이라도 증여 안 해
- 증여의 유연성과 계획 가능성 기대
- 증여재산 보존 또는 증가 기대
- 증여로 부모 권위 약화·소비기회 상실 우려
- 재산이전 과업완수에 따른 홀가분함
- 증여받은 자녀: 증여 이후 근로의욕 저하 우려
- 증여받지 않은 자녀: 증여 소외로 인해 불만 발생 우려

증여로 시드머니 역할 기대

경쟁 관계

증여받지 않은 자녀

다른 자녀에 비해 덜 받을 이유 없다

## 부모에게 증여란 무엇인가?

부모는 노후생활에 필요한 재산 이외에 잉여재산이 없다면 증여에 대한 고민을 하지 않는다. 그런데 부모에게 어떤 재산이 잉여재산

인지 여부는 부모의 나이나 건강 상황 등에 따라 달라진다. 만일 부모에게 여생이 얼마 남지 않았다면 잉여재산은 더 늘어날 수밖에 없다. 한편 부모에게 있어 잉여재산의 이전 문제는 증여에 의하든지 아니면 상속에 의하든지 어차피 해결해야 할 운명적 숙제와 같다. 만일 부모 사망시까지 증여를 통하여 재산이전 문제를 풀지 않으면 부득불 자녀 간의 상속협의에 의하여 잉여재산을 이전할 수밖에 없기에 상속 갈등은 불가피해진다. 이는 그나마 재산이전에 대해 영향력을 행사할 수 있는 부모가 주어진 숙제를 하지 않음으로써 결과적으로 자식 간의 회복할 수 없는 갈등을 초래할 단초가 될 수 있음을 의미한다. 그러나 한편으론 부모가 생전에 특정한 자녀에게 사전증여를 한다고 하더라도 상속인들은 상속시점에서 이를 선급된 상속재산의 배분 성격으로 이해함으로 이 또한 유류분 분쟁의 원인이 되기도 한다.

### 현실에서 접하는 증여의 모습은?

- 노후재산 이외에 잉여재산이 있는 경우에 증여 고민을 한다.
- 잉여재산 이전은 부모에 있어서 어차피 풀어야 할 숙제이다.
- 증여가 없다면 잉여재산 분배는 상속으로 해결하여야 한다.
- 증여는 증여받는 자녀, 그 밖의 자녀, 부모 모두에게 영향을 미친다.
- 상속인들은 사전증여재산을 상속재산 분배시 선급된 상속재산으로 본다.
- 증여는 장점뿐만 아니라 단점도 있어서 동시에 고려하여 결정한다.
- 증여세나 취득세를 부담할 수 없다면 증여하지 않는다.

# 똑똑한 증여가 되기 위해서는

✓ **1단계: 재산이전 과정은 하나의 프로젝트라고 인식하기**

• **마냥 행복하지만은 않은 증여**

자녀의 행복을 자신의 행복이라 여기는 이타적 존재인 부모가 자신의 소유재산을 자녀에게 증여하면 과연 부모와 자녀 모두 행복해할까? 우리가 겪는 현실은 반드시 그렇지만은 않다. 당장 증여받지 못한 자녀에게서 증여소외로 인한 불만 표출로 가족 내 갈등이 발생하기도 하며, 증여 이후 자녀의 나태와 낭비로 이어져 부모는 자신의 증여행위를 후회하기도 한다. 이쯤 되면 자녀에게 줄 재산이 없는 편이 차라리 속이 편하다는 생각도 하게 된다. 평생 모은 재산을 남에게 주자니 아깝고 자식에게 주자니 걱정만 앞서는 상황이 되는 것이다.

• **증여로 인한 파급효과를 면밀히 고려해야**

부모가 겪게 되는 이러한 재산이전과 관련한 딜레마 상황은 내가 자녀에게 자신이 소유한 재산을 증여하면 자녀가 행복해질 것이라는 막연한 기대에서 시작된 것이라 볼 수 있다. 이에 부모는 자신의 증여행위가 자녀에게 미치는 긍정적 영향만 볼 것이 아니라 부정적 영향도 함께 고려하여야 할 필요가 있다.

✓ **2단계: 나만의 재산이전 원칙 만들기**

## • 재산이전 결정은 어차피 내가

부모는 자녀에게 있어 이타적 동기를 가진 존재인 것은 맞으나 그렇다고 해서 자녀에게 종속된 존재는 아니다. 부모는 노후생활에 대해서 자녀에게 의지하기를 바라지 않기에 노후생활에 필요한 재산은 자식이라고 결코 내놓지 않으려 한다. 더 나아가 재산이전 결정은 전적으로 자신의 고유 권한이라 생각하고 증여로 인해 자녀와 자신에게 미칠 영향과 증여 이후 증여재산의 보전 가능성 등을 종합적으로 고려하여 재산이전 유무와 재산이전 방법을 결정하려 한다.

## • 주어진 상황과 선호에 맞는 나의 원칙을 세워야

증여결정에 있어 부모에게 처한 상황은 각자 다르다. 즉 자신의 건강이나 나이, 소유 재산규모나 재산유형, 자녀가 처한 상황에 따라 부모의 결정은 달라질 수 있다. 또한 부모가 노후생활 리스크에 대한 인식과 자녀에게 바라는 삶의 방식, 증여 이후 자신에게 미치는 영향 등의 부모의 선호도에 따라 증여결정의 양태가 달라질 수 있다. 이는 자신의 주어진 환경에 따라 어떤 가치에 대하여 가중치를 더 두는가의 가치선택의 문제로, 증여의 장단점을 종합적으로 고려하여 나만의 기준과 원칙을 세울 필요가 있다.

## ✓ 3단계: 재산이전 전략과 절세대책 수립하기

## • 재산이전 대상 재산파악

재산이전에 대한 나만의 원칙과 기준이 어느 정도 세워졌다면 그다음으로 현 상황에서 소유한 재산과 향후에 얻게 될 소득을 추정하여 계산한 후 남은 여생 동안 생활하기 위해 필요한 재산을 차감한 잉여 재산을 재산이전대상재산으로 확정한다.

**승계대상재산 = (재산 + 미래소득) - 필요재산**

## • 증여플랜 수립

재산이전대상재산이 확정되면 구체적으로 증여대상자와 증여시기, 증여방법, 증여규모 등을 확정하는 증여플랜을 수립하여야 한다. 이러한 증여전략을 수립함에 있어서 기본적으로 증여재산의 극대화에 초점을 맞춰 증여세는 물론 취득·보유·상속 또는 양도단계에 미치는 세금효과를 고려하여 절세대책을 마련해야 하지만 아울러 증여자의 증여니즈를 적극적으로 반영하여 자녀의 재산분배의 갈등을 이해하고 상속 이후 있을 유류분의 침해 문제에 대해서도 미리 대비해야 한다. 이와 관련한 증여플랜에 대해서는 별도의 장에서 자세히 설명하기로 한다.

## ✓ 4단계: 재산이전 계획 실행하기

증여플랜을 통하여 자녀에게 증여가 확정된 재산은 자녀에게 소유권을 이전하는 절차를 밟게 된다. 부동산은 소유권이전등기를 하고, 주식은 명의개서 절차를 밟게 되며 금융재산은 자금이체를 하게 된다. 이에 대한 구체적 절차는 별도의 장에서 자세히 설명하기로 한다.

# 이건 나빠요! 나쁜 증여 OUT

## • 현실외면형

한국사회가 점차 발전하면서 보유 자산이 많이 증가하고 있고 그 유형도 다양해졌으며 개인적 권리의식이 높아져서 증여와 관련된 환경도 과거에 비해 많이 바뀌었다. 그러나 재산분배 갈등문제가 자녀 사이의 협의를 통하여 원활하게 해결될 것이라 막연한 생각 속에서 증여를 등한시하는 경우를 많이 본다.

## • 팔랑귀형

사람들은 부과되는 세금 변화에 따라 민감하게 증여에 대해 반응한다. 부동산 경기 과열로 양도소득세나 종합부동산세를 올린다든지 대출규제가 강화되면 증여가 급증한다. 그런데 이는 전체를 보지 못하고 부분만을 보고 증여하는 결과가 될 가능성이 있다. 이에 각자 상황과 선호에 따라 종합 판단하여 결정할 필요가 있다.

## • 고집불통형

증여가 불필요함에도 독단적인 판단에 의하여 증여를 한다든지 증여니즈에 전혀 부합하지 않음에도 개인적인 아집에 의해 증여를 하는 경우를 왕왕 볼 수 있다.

## 05 증여 대신 상속 or 양도

*재산규모에 따라 증여 · 상속 · 양도의 유 · 불리 여부가 달라져*

증여를 결정함에 있어서 가장 많이 고민하는 문제 중의 하나가 증여가 아닌 상속으로 재산이전 하는 것이 더 좋은 게 아닌가? 하는 고민이다. 아울러 세금부담 등의 이유로 양도가 아닌 증여를 선택하는 경우가 있는데 증여와 상속, 양도와 증여는 과연 어떤 차이가 있을까?

### 증여보다 상속이 유리할까?

#### • 세대 간 재산이전의 쌍두마차

증여나 상속은 모두 주로 가족 내에서 일어나며 재산이전에 대가를 수반하지 않는 무상거래 형태이다. 아울러 상속이나 증여를 통해서 세대 간 재산이전이 이루어지고 재산이전 이후에도 가족 내부에서 운용수익이나 투자이득을 계속하여 향유할 수 있다는 점에는 유사한 성격을 가지고 있다.

## • 증여는 상속보다 유연하고 계획 가능

상속은 피상속인이 사망함으로써 상속인이 피상속인의 상속시 소유한 재산과 채무를 포괄적으로 승계한다. 따라서 상속에 의한 재산이전은 단 1회에 한해 가능하며 이는 필연적으로 발생한다. 또한 상속으로 인하여 피상속인의 재산이 포괄적으로 상속인에게 승계되므로 임의로 이전대상 재산의 선택이 불가하며, 유언의 방법에 의하지 않는다면 상속에 의하여 피상속인의 의사에 의한 재산승계 대상자의 선택이 불가하다. 반면에 증여는 생전에 자신의 의사를 반영하여 수차례에 걸쳐 실행이 가능하며, 증여대상자도 자녀나 배우자는 물론 손자나 며느리 사위에게도 얼마든지 가능하다. 아울러 증여대상자산도 전부 또는 일부를 선택할 수 있는 등 재산이전방법으로써 증여는 상속보다 유연하게 계획해 가며 이전할 수 있는 장점을 가지고 있다.

## • 생전증여재산 = 미리 상속한 재산

민법상 법정상속분에 의하여 상속재산의 분배비율을 정할 때 피상속인이 상속인에게 생전증여재산이 있는 경우 그 금액(이를 민법상 '특별수익'이라 함)을 미리 상속한 재산으로 보아 상속 당시 남긴 재산과 합산한 금액을 기초로 법정상속분을 계산한다. 이 경우 합산기간은 기간 제한 없이 피상속인의 일생 동안에 자녀 등의 상속인에게 생전증여금액이 되며, 증여재산 평가금액은 상속개시시점을 기준으로 산정한다.

## • 나누어 증여해도 하나의 증여로 보아 과세

한편 상속세나 증여세에서는 민법처럼 평생 합산하여 계산하지 않고 10년 기준을 적용하여 과세한다. 즉 부모가 자녀에게 수차례의 증여가 있는 경우 해당 증여일로부터 소급하여 10년 이내의 증여분은 증여세 계산에서 합산하여 계산하고 10년이 지난 증여에 대해서는 합산하여 과세하지 않는다. 아울러 상속개시일로부터 소급하여 10년 내에 자녀에게 증여한 것은 상속세에서 합산하여 과세하고 10년이 지난 증여분은 상속세에서 합산하여 과세하지 않는다. 이 경우 합산되는 증여재산 평가금액은 당초 증여시점을 기준으로 산정한다.

## • 상속세와 증여세 공제금액이 서로 달라

상속의 경우는 상속세를, 증여의 경우에는 증여세를 각각 부담한다. 상속세나 증여세는 동일한 세율이 적용되나 세금 계산시 적용되는 가산 또는 공제항목이나 공제되는 금액의 크기가 서로 다르다. 예를 들어 부모가 성인 자녀에게 증여하면 5천만원까지 증여재산공제가 허용되어 증여세 없이도 재산이전이 가능하지만, 상속세는 부모 사망시 최소 5억원까지 일괄공제가 허용되어 상속세 부담 없이도 재산이전이 가능하다.

## • 상속이냐? 증여냐?

절세측면만을 고려하여 증여냐 상속이냐를 판단한다면 상속재산 규모가 매우 중요한 변수가 된다. 예를 들어 상속재산이 5억원이라면 상속공제가 최소 5억원(상속 당시 한쪽 부모가 생존하고 있다면 10억원)

까지는 상속세가 과세되지 않으므로 증여의 방법을 통하여 증여세를 부담하면서까지 재산이전 하는 것은 현명한 방법이 아니다. 반면에 상속재산 규모가 만일 50억원이라면 고액의 상속세가 불가피하므로 적극적으로 절세를 위하여 증여세를 부담하더라도 증여를 고려해야 한다. 즉 상속재산 규모에 따라 상속세와 증여세의 합이 최소화하는 범위에서 증여냐 상속이냐를 결정하는 것이 합리적인 것이다. 다만 여기에서 추가적으로 고려해야 할 점은 세대 간 재산이전에 있어서 절세를 통한 이전대상재산의 극대화 등의 재무적 목표도 고려하지만 이와 아울러 재산이전에 있어서 자녀 간의 갈등의 최소화나 재산 소유자의 니즈를 반영하는 비재무적 목표도 매우 중요하다는 점이다. 따라서 비재무적 관점에 보다 큰 비중을 두는 경우라면 비록 절세 측면에서 최선이 아니더라도 증여를 선택할 여지가 있으며 현실에서도 자녀에게 재산을 사전에 분배하는 용도로 적극적으로 증여방법을 활용하고 있는 실정이다.

〈 상속세와 증여세 비교 〉

| 증여세 | 구분 | 상속세 |
|---|---|---|
| 일반증여 · 증여의제 · 증여추정 | 재산가액 | 본래 상속재산 · 간주상속재산 · 추정상속재산 |
| 공익법인 출연 불산입 · 장애인 보험금 등 | (-) 비과세 · 불산입 | 공익법인출연 불산입 · 금양임야 등 |
| 채무액 | (-) 공제항목 | 공과금 · 장례비 · 채무액 |
| 재차증여 재산가액 (동일인 10년) | (+) 가산항목 | 사전증여 재산가액 (상속인 10년, 기타 5년) |
| | 과세가액 | |

| 증여재산공제 등 | (-) 공제금액 | 인적공제 · 가업상속공제 · 금융상속공제 등 |
|---|---|---|
| | **과세표준** | |
| 10~50% 초과누진세율 | (×) 세율 | 10~50% 초과 누진세율 |
| 세대생략 증여분 30% (40%) 할증과세 | (+) 세대생략할증 | 세대생략 상속분 30% (40%) 할증과세 |
| 납부세액공제 · 신고세액공제 등 | (-) 세액공제 | 신고세액공제 · 증여세액공제 등 |
| 신고불성실 · 납부불성실가산세 | (+) 가산세 | 신고불성실 · 납부불성실가산세 |
| | **납부세액** | |

## 양도하느니 차라리 증여할까?

### • 증여하지 않고 타인에게 양도하면

타인에게 보유재산의 소유권을 넘기고 그 대가를 받는 형태의 양도는 단지 재산의 보유형태만 바뀌었을 뿐, 세대 간 재산이전이 이루어진 모습은 아니다. 더군다나 타인에게 보유재산을 양도하면 당초 투자한 금액 이외에 취득한 이후에 가치 증가분도 거래금액에 반영되어 양도대가로 받게 된다. 이러한 상황은 양도재산 이외에 상속재산이 많은 경우라면 상속세 부담을 더욱더 가중시키는 결과를 가져올 수 있다.

### • 양도하지 않고 자녀에게 증여하면

만일 보유재산을 타인에게 양도하지 않고 자녀에게 증여하면 증여재산의 운용수입과 증여시점 이후의 가치 증가로 인한 투자수익은 자녀에게 귀속되게 된다. 즉 양도와 증여는 기본적인 성격이 서로 다른데 타인에게 양도하는 것은 보유재산의 극대화를 목표로 투자수익을 실현하는 것이고, 자녀에게 증여하는 것은 세대 간 재산이전을 하는 것이라 볼 수 있다.

## • 자녀가 5년 이내 증여재산을 양도하면

양도일부터 소급하여 5년 이내에 직계존비속으로부터 증여받은 재산 중 부동산이나 부동산의 권리(예: 입주권, 분양권 등)의 양도차익을 계산할 때 증여재산의 취득가액은 증여재산가액이 아닌 직계존비속의 취득 당시 취득금액으로 한다. 따라서 부모로부터 증여받은 재산을 5년 이내에 양도하는 경우 양도소득세에 미치는 영향을 면밀하게 고려하여 양도할지 여부를 결정하여야 한다.

> **참고  주택이나 농지! 증여할까? vs 양도할까?**
>
> 1세대1주택 비과세 요건이 적용되는 주택이나 8년 이상 자경농지의 감면규정이 적용되는 농지의 경우 이를 양도하면 비과세규정이나 감면규정이 적용된다. 그러나 이를 증여를 하면 증여세를 부담하여야 하므로 양도로 인한 비과세나 감면 혜택이 없어지는 불이익이 발생할 수 있다.

## 06 이런 것도 증여인가요?

*실질적인 증여이익이 발생한 경우라면 증여세 과세 가능*

민법상으로 증여자와 수증자 사이의 자산을 무상으로 이전하는 계약행위를 증여로 보지만 세법에서는 이보다 훨씬 범위가 넓어서 민법상 증여계약뿐만 아니라 그 행위 또는 거래의 명칭·형식·목적 등과 관계없이 직접 또는 간접적인 방법으로 타인에게 무상으로 유형·무형의 재산 또는 이익을 이전(현저히 낮은 대가를 받고 이전하는 경우를 포함)하거나 타인의 재산가치를 증가시키는 것이라면 이 또한 증여로 보아 과세할 수 있다는 입장이다.

### 부모가 증여세를 대신 납부

부모가 자녀에게 재산을 증여한 후 자녀가 납부해야 할 증여세액을 부모가 대신 납부하면 증여세액 상당액을 부모가 자녀에게 다시 증여한 것으로 보아 증여세를 부과한다.

# 부모가 자녀에게 저가로 자산 양도

부모가 자녀에게 부동산을 양도한 경우 증여세법에서는 대가를 받고 양도한 사실을 명백하게 입증하지 않는 한 이를 양도가 아니라 자녀가 부모에게 증여받은 것으로 추정한다. 그리고 설령 양도대가를 받고 양도한 사실이 입증되었다 할지라도 부모가 자녀에게 부동산을 양도함에 있어서 시가보다 낮은 대가를 받았다면 대가와 시가의 차액 부분만큼 자녀가 결과적으로 이득을 본 셈이므로 자녀에게 증여세가 부과된다. 다만 대가와 시가의 차이가 시가의 30% 이하이면서 3억원 이하인 경우라면 증여세가 과세되지 않는다.

〈부모가 자녀에게 저(고)가양도시 과세방법〉

| 구분 | | 저가양도 | 고가양도 |
|---|---|---|---|
| 과세되는 세금 종류 | | 증여세 + 양도소득세 | 증여세 + 양도소득세 |
| 증여세 | 과세여부 판단 | (시가-대가)≥Min[시가×30%, 3억원] → 증여세 과세됨 | (대가-시가)≥Min[시가×30%, 3억원] → 증여세 과세됨 |
| | 납세의무자 | 자녀 | 부모 |
| | 증여가액 | (시가-대가) - Min[시가×30%, 3억원] | (대가-시가) - Min[시가×30%, 3억원] |
| 양도소득세 | 과세여부 판단 | (시가-대가)≥Min[시가×5%, 3억원] → 양도소득세 과세됨 | (대가-시가)≥Min[시가×5%, 3억원] → 양도소득세 과세됨 |
| | 납세의무자 | 부모 | 부모 |
| | 양도가액 | 시가 | 대가 - 증여가액 |

부친이 자녀에게 시가 10억원 아파트를 5억원의 대가를 받고 양도하였다면 부모와 자녀가 부담해야 할 세금은?

### 해설

**1. 증여세 과세**

① 증여세 과세여부판단: 시가(10억원)와 대가(5억원)의 차이금액(5억원)이 시가(10억원)의 30% 금액(3억원) 이상이므로 증여세 과세됨.

② 증여세 납세의무자: 증여이익을 얻은 자가 자녀이므로 자녀임.

③ 증여가액: 2억원[주]

* 주) 증여가액: (시가 – 대가) – Min[시가×30%, 3억원] = (10억원 – 5억원) – MIN(10억원×30%, 3억원]

**2. 양도소득세 과세**

① 양도세 납세의무자: 양도자가 부모이므로 납세의무자는 부모임

② 양도가액: 10억원

# 부모 소유 부동산의 무상 또는 저가 사용

부모 소유의 부동산(동거주택 제외)을 자녀가 무상으로 사용하고 그 무상사용이익이 1억원을 이상이라면 자녀에게 증여세를 부과한다. 한편 부모 소유의 부동산을 자녀가 저가로 사용하고 그 저가사용이익이 시가의 30% 이상이라면 자녀에게 증여세를 부과한다. 이와 별도로 부모 소유의 부동산을 자녀가 무상 또는 저가 사용한다면 부모에게 그 무상사용이익 또는 저가사용이익에 대하여 임대소득에 대한 종합소득세와 부가가치세가 추가로 과세된다.

## 자녀에게 무상 또는 저율로 대여

부모가 자녀에게 금전을 무상 또는 저리로 대여하였고 무상(저리)대출이익이 1천만원 이상이라면 자녀에게 증여세를 부과한다.

〈자녀가 부모의 부동산·금전을 무상 · 저가 사용시 과세방법〉

| 구분 | 부동산의 경우 | | 금전의 경우 |
|---|---|---|---|
| | 무상사용 | 저가사용 | 무상대여 · 저리대여 |
| 과세대상 | 무상사용이익 ≧ 1억원 | 저가사용이익 ≧ 시가의 30% | 무상대출이익 ≧ 1천만원 |
| 증여세계산단위 | 5년마다 | 1년마다 | 1년마다 |
| 시가로 보는 금액 | 年 부동산가액의 2% | | 年 4.6% |
| 비고 | 증여자는 소득세 · 부가세 추가과세 | | |

## 차명계좌 · 부동산 · 주식이 드러나면?

### • 자녀 명의 계좌로 입금하면

부모가 자녀명의 계좌로 입금하는 경우 과연 증여세가 과세될까? 이는 자녀명의 계좌의 실질적인 소유자가 누구인가에 따라 달라진다. 만일 자녀명의 계좌의 실질 소유자가 자녀라면 입금시점에 부모가 자녀에게 증여한 것으로 본다. 반면에 자녀명의의 계좌의 실질 소유자가 부모라면 이는 증여로 보지는 않지만 금융실명제 위반사항으로 관련 법령에 따라 불이익을 당할 수 있고 금융소득에 대하여 자녀의 소득이 아닌 부모의 소득으로 보아 종합소득세를 재계산하게 된다.

## • 자녀 명의로 부동산 취득하면

부모가 자녀 명의로 부동산을 취득하는 경우에 그 부동산의 실질적인 소유자가 자녀라면 부동산의 취득시점에서 증여세가 부과되고, 반면에 그 부동산의 실질적인 소유자가 부모라면 증여세는 부과되지 않지만 부동산실명제 위반으로 관련 법령에 따라 불이익을 받을 수 있고 부동산으로 인하여 발생하는 소득에 대하여 자녀의 소득이 아닌 부모의 소득으로 보아 종합소득세를 재계산하게 된다.

## • 자녀 명의로 주식을 취득하면

부모가 자녀 명의로 주식을 취득하는 경우에 그 주식의 실질적인 소유자가 자녀라면 주식의 취득시점에서 증여세가 부과된다. 아울러 주식을 조세회피 목적으로 자녀에게 주식을 명의신탁한 것이라면 부모에게 증여세가 부과되며, 주식으로 인하여 발생하는 소득에 대하여 자녀의 소득이 아닌 부모의 소득으로 보아 종합소득세를 재계산하게 된다.

〈부모가 자녀 명의로 예금·부동산 · 주식 취득한 경우〉

| 구분 | 예금계좌 | 부동산 | 주식 |
|---|---|---|---|
| 실질소유자<br>= 자녀 | 증여세 과세 | 증여세 과세 | 증여세 과세 |
| 실질소유자<br>= 부모 | • 금융소득 소득세 추징<br>• 금융실명제 위반 | • 부동산소득 소득세 추징<br>• 부동산실명제 위반 | • 주식소득 소득세 추징<br>• 명의신탁 증여세 과세 |

## 사업상 증여로 보는 경우

사업상 증자나 합병 등의 자본거래를 통하여 결과적으로 증여이익이 발생한 경우 증여세법에서는 증여세를 과세하고 있다. 아울러 특수관계자 간의 내부거래나 사업기회를 제공함으로써 증여이익이 발생한 경우에도 증여세를 부과한다.

| 구분 | 내용 |
|---|---|
| 자본거래 | 합병에 따른 이익증여, 증자·감자에 따른 이익증여, 현물출자에 따른 이익증여, 전환사채 등의 전환에 따른 이익증여, 주식 상장 등에 따른 이익증여, 법인 조직 변경에 따른 이익증여 |
| 배당거래 | 초과배당에 따른 이익증여 |
| 영업거래 | 일감 몰아주기 증여의제, 일감 떼어주기 증여의제 |

## 기타 증여이익이 발생하면 증여세 과세

행위 또는 거래의 명칭·형식·목적 등과 관계없이 직접 또는 간접적인 방법으로 타인에게 무상으로 유형·무형의 재산 또는 이익을 이전(현저히 낮은 대가를 받고 이전하는 경우를 포함)하거나 타인의 재산가치를 증가시키는 것이라면 증여로 보아 과세할 수 있다.

| 구분 | 증여세 과세 여부 |
|---|---|
| 부모가 자녀의 채무를 면제해 주거나 대신 변제한 경우 | 증여세 과세 |
| 부모가 자녀에 부동산 증여 후 형질변경 등으로 인하여 재산 가치가 증가된 경우 | 30% 이상 가치 증가시 증여세 과세 |

| | |
|---|---|
| 부모의 부동산을 담보로 자녀가 대출한 경우 | 담보이용이익이 1천만원 이상이면 증여세 과세 |
| 보험료 불입자와 보험 수익자가 다른 경우 | 보험사고가 발생한 날 증여세 과세 |
| 부의금 또는 결혼 축의금 | 통상적 범위 내 비과세 |
| 서로의 자녀에게 교차증여 한 경우 | 증여세 과세 가능 |

# 07 증여절차는 어떻게 되는가?

증여절차를 숙지하여 가산세 등의 불이익이 없도록 하여야

증여계약부터 증여세 조사 마무리까지 주요한 절차를 정리하면 다음과 같다.

| 구분 | 내용 | 관할 |
|---|---|---|
| 사전계획 | **증여플랜 및 전략 수립** | 증여자 |
| 증여계약(D) | **증여계약서 작성** | 증여자·수증자 |
| D＋60일 | **부동산 취득세 납부기한**(증여계약일로부터 60일 내) → 가산세 부과 | 부동산 관할 시·군·구청 |
| | **부동산 등기신청기한**(증여계약일로부터 60일 내) → 과태료 부과 | 부동산 관할 등기소 |
| | • 사업자등록 신청·폐업 신고기한(지체 없이) • 부가세 신고기한(25일 내) → 가산세 부과 | 사업장관할 세무서장 |
| D＋3개월 | 증여세 신고·납부기한(등기접수일이 속하는 달의 말일로부터 3개월 내) → 가산세 부과 * 분납/연부연납(담보 제공) | 수증자 관할 세무서 |
| D＋5개월 | 증여세 분납기한(납부 후 2개월 내) * 납부세액이 1천만원 초과하는 경우 | 수증자 관할 세무서 |
| D＋9개월 | **증여세 법정결정기한**(신고기한부터 6개월) **시가평가가능기간**(증여일 이전 2년~신고기한 마감일로부터 6개월) **마감일** | 수증자 관할 세무서 |

## 사전증여플랜 및 전략 수립

증여계약서를 작성하기 이전에 우선 증여대상재산을 확정하고 구체적으로 증여대상자와 증여시기, 증여방법, 증여규모 등을 확정하는 증여플랜을 수립하여야 한다.


## 증여계약서 작성

### • 증여 = 계약관계

증여는 당사자 일방이 무상으로 재산을 상대방에 수여하는 의사를 표시하고 상대방이 이를 승낙함으로써 그 효력이 생긴다. 증여는 비록 무상으로 타인에게 재산을 주는 행위지만 상대방에게 재산 취득을 강요할 수 없고 반드시 수증자의 승낙의 의사표시가 있어야 성립하는 계약인 것이다.


### • 증여계약은 구두로도 가능

증여계약이 유효하기 위해서는 특별한 방식을 요구하지 않으므로 서면뿐만 아니라 구두로도 가능하다. 다만 증여의 의사가 서면으로 표시되지 아니한 경우에는 증여자 또는 수증자는 이를 해제할 수 있다.


### • 증여자는 재산권 이전의무 부담

증여자는 증여계약에 따라 재산적 출연을 이행할 채무를 부담하고 수증자는 이와 관련한 채권을 갖게 된다. 여기에서 재산적 출연의 이행이란 재산권 이전을 위하여 부동산은 등기와 인도를, 동산은 인도를, 채권은 대항요건을 갖추어 주는 것을 말한다. 따라서 수증자는 증여자가 채무를 이행하지 않으면 채무의 이행을 강제할 수 있으며, 증여계약 성립 후 증여자의 과실로 증여목적물에 흠결이 생긴 경우 채무불이행 책임으로 인한 손해배상도 청구할 수 있다.

### • 증여계약서 작성요령

증여계약서에 증여자와 수증자의 인적사항, 증여대상 목적물, 증여의 합의의사, 소유권의 이전과 인도에 관한 사항, 그 밖에 특약사항에 대하여 서면으로 기재하고 날인한다. 증여계약서 양식의 예시는 별첨자료를 참조하기 바란다.

## 증여의 유형

### • 순수(단순)증여 vs 부담부증여

부담부증여란 수증자가 증여를 받는 동시에 일정한 급부를 하여야 할 채무를 동시에 부담하는 증여계약을 말한다. 부담부증여에서 부담의 이익을 받는 자는 증여자 자신일 수도 있고 제3자일 수도 있다. 한편 부동산의 부담부증여시에는 채무 부분은 양도소득세가 부과되고 채무를 제외한 나머지 증여금액에 대해서만 증여세가 부과된다.

## • 증여 vs 유증 vs 사인증여

유증이란 유언으로 재산을 남에게 증여하는 것을 말하며, 사인증여는 증여자가 사망할 경우 증여의 효력이 발생하는 증여를 말한다.

| 구분 | 증여 | 유증 | 사인증여 |
|---|---|---|---|
| 법률적 성질 | 계약 | 단독 행위 | 계약 |
| 효력발생시점 | 계약시점 | 유언자 사망시점 | 증여자 사망시점 |
| 과세되는 세금 | 증여세 | 상속세 | 상속세 |

## • 조건부증여와 효도계약서

조건부증여란 증여자가 제시하는 조건을 부담하면서 재산을 증여받는 내용의 계약 형태를 말한다. 조건부증여 계약은 부담부증여 계약과 유사한 형태이나 수증자가 증여자의 의무 부담을 먼저 이행하여야만 증여를 받을 수 있으며 만일 증여자가 요구하는 조건 이행을 하지 않으면 아예 증여가 성립되지 않는다. 일명 '효도계약서'라고 하는 부양조건부증여 계약이 그 대표적인 사례이다. 한편 대법원 판례에서는 '자식이 부모에게 효도하겠다고 계약서를 작성하고 부모의 재산을 자녀에게 물려준 후 자식이 이를 지키지 않는 경우 부모에게 다시 재산을 돌려줘야 한다'라고 판시하고 있다.

# 증여플랜의 실행

## • 소유권이전절차

증여플랜을 통하여 자녀에게 증여가 확정된 재산은 자녀에게 소유권을 이전하는 절차를 밟게 된다. 부동산은 소유권이전등기를 하고, 주식은 명의개서 절차를 밟게 되며 금융재산은 자금이체를 하게 된다. 이에 대한 구체적 절차는 별도의 장에서 자세히 설명하기로 한다.

| 증여대상 | 소유권 이전절차 |
|---|---|
| 부동산 | 소유권이전 등기(증여계약일로부터 60일 이내) |
| 주식 | 주주명부에 명의개서 |
| 금융재산 | 계좌이체 또는 자금이체 |

## • 취득세 신고 · 납부절차

증여로 인하여 부동산 등을 취득한 자는 그 취득한 날부터 60일 이내에 부동산 소재지 관할 지방자치단체에 취득세를 신고하고 납부하여야 한다. 이 기한 내에 신고납부하지 않으면 가산세가 추가된다.

# 증여세 신고납부 및 세무조사

## • 증여세 신고납부

수증자는 증여받은 날이 속하는 달의 말일부터 3개월 이내에 수증자의 주소지 관할 세무서장에게 증여세를 신고하여야 한다. 아울러 증여세 납부는 증여세 신고와 동시에 현금으로 일시불로 납부하는 것이 원칙이나 분납이나 연부연납도 허용된다. 그러나 상속세에서 허용하는 물납은 증여의 경우에는 허용하지 않는다.

## • 증여세 세무조사 결정

세무서장은 증여세 신고를 받은 후 증여세과세표준 신고기한부터 6개월(법정결정기한) 이내에 과세표준과 세액을 결정하여야 한다.

# 08 당초 증여계약을 해제하려면?

증여취소는 민법상 일정 사유가 있는 경우만 가능해

부모가 자녀에게 부동산을 증여하였으나 증여 이후에 자녀 생활이 나태해져서 아예 당초 증여를 취소하고 증여했던 부동산을 부모 명의로 다시 돌리고 싶은데 이게 가능할까? 생활이 어려운 자녀에게 부모가 소유하던 상가를 증여하는 대신 상가에서 나오는 월세 중 일부를 노후생활비로 부모에게 매월 송금하기로 하였는데 자녀가 이를 이행하지 않으면 어떻게 해야 할까? 자녀에게 부동산을 증여하고 증여등기까지 마쳤으나 증여세가 생각 외로 너무 많이 나와서 이를 취소하고 다른 부동산을 재증여하면 어떻게 되는가?

## 증여재산 반환은 가능한가?

### • 일정한 반환사유가 존재해야만 가능

증여재산의 반환은 당초 증여계약 자체에 무효 또는 취소사유가 있는 경우, 해제권의 행사 또는 증여의 특유의 해제원인 발생, 증여계약서상 해제조건이 성취된 경우에 가능하다. 그러나 증여 이후 증여자의 단순한 변심에 의한 증여재산의 일방적인 반환은 당초 증여가 증여자와 수증자 사이의 합의에 따른 계약에 의하여 적법하게 성립하였다면 이를 인정하지 않는다.

## • 증여계약의 무효 또는 취소

당초에 의사 무능력자와 증여계약을 하였거나 증여목적물 자체가 아예 증여계약 당초부터 멸실되어 없는 경우 등의 원시적 불능 상태인 경우, 선량한 풍속 기타 사회질서에 위반한 사항을 내용으로 하거나 조건으로 하는 경우 등은 증여계약 자체의 무효사유가 된다. 아울러 미성년자 등 제한능력자와 증여계약을 하였거나 사기나 강박 또는 착오에 의한 의사표시에 의한 증여계약은 취소사유에 해당한다.

## • 해제권을 행사한 경우

증여계약은 당초 증여계약에 의하여 증여자에게 해제권을 부여하여 이에 따라 해제권을 행사한 경우(약정해제)나 증여자의 증여계약상 증여재산 소유권이전 등의 채무에 대한 불이행으로 법률상 당연히 해제권이 발생하는 경우(법정해제), 증여계약 이후에 증여계약의 상대방인 증여자와 수증자가 상호 해제하기로 합의하는 경우(합의해제)에 해제할 수 있다. 아울러 민법에서는 위와 같은 일반적인 해제사유 이외에도 증여에 관하여 특유한 해제사유를 규정하고 있다. 즉 증여의 의사가 서면으로 표시되지 아니한 경우에는 증여자 또는 수증자는 이를 해제할 수 있으며, 아울러 수증자가 증여자에 대하여 증여자 또는 는 그 배우자나 직계혈족에 대한 범죄행위가 있거나 증여자에 대하여 부양의무 있는 경우에 이를 이행하지 아니하는 등 수증자의 망은 행위가 있는 경우라면 증여자는 그 증여를 해제할 수 있다. 또한 증여계약 후에 증여자의 재산 상태가 현저히 변경되고 그 이행으로 인하여 생계에 중대한 영향을 미칠 경우에는 증여자는 증여를 해제할 수 있다. 다만 증여에 관하여 특유한 해제사유에 의한 계약의 해제는 이미 이행한 부분에 대하여는 영향을 미치지 아니한다.

## • 증여계약서상 해제조건이 성취된 경우

부모가 자녀에게 상가를 증여하는 대신 상가에서 나오는 월세 중 일부를 노후생활비로 부모에게 매월 송금하기로 하고 만일 매월 송금하지 않으면 송금하지 않는 시점으로부터 증여재산을 환원하기로 증여계약을 하였다면 이는 민법상 해제조건부 증여계약인 셈이며, 만일 매월 송금하지 않으면 증여계약상 해제조건이 성취되어 당초 증여계약은 송금하지 않는 시점부터 해제의 효력이 발생한다. 여기에서 해제조건은 선량한 풍속 기타 사회질서를 위반하지 않거나 이미 성취되었거나 성취될 수 없는 경우가 아니라면 유효하다. 따라서 금전적인 것 이외에 최소 1개월 2번 이상 손자녀와 함께 부모를 방문하라든지 증여된 부동산 매각 혹은 담보 제공 시에는 부모의 동의를 받을 것을 내용으로 하는 것도 얼마든지 가능하다.

# 증여재산 반환과 증여세 과세

## • 증여계약 무효 등에 의한 반환

증여재산의 반환사유가 증여계약의 무효나 취소, 채무불이행으로 인한 법정해제권의 행사 등에 의하여 발생한 경우라면 당초부터 증여가 없었던 것으로 보므로 당초 증여분과 반환분 모두 증여세가 과세되지 않는다.

## • 합의해제에 의한 반환

증여계약을 당사자 간의 합의에 따라 해제권을 행사한 경우에는 증여재산이 금전인지 아니면 금전 이외의 재산인지에 따라 증여세 과세 여부가 달라진다. 즉 수증자가 증여자에게 당초 증여한 금전을 반환한 경우 당초 증여자가 수증자에게로 증여한 것도 증여세를 과세하고, 수증자가 증여자에게로 반환한 것도 증여세가 과세된다. 반면에 금전 이외의 증여재산의 반환에 대해서는 금전과 달리 반환시점에 따라 일부 증여세 과세부담을 완화시켜 주고 있다. 수증자가 증여재산을 증여세 신고기한 이내에 증여자에게 반환하는 경우에는 처음부터 증여가 없었던 것으로 보며, 증여세 신고기한이 지난 후 3개월 이내에 증여자에게 반환하거나 증여자에게 다시 증여하는 경우에는 그 반환하거나 다시 증여하는 것에 대해서는 증여세를 부과하지 아니한다. 다만 반환하기 전에 과세당국으로부터 결정받은 경우는 제외한다. 따라서 금전 이외의 증여재산의 반환에 대하여 증여세 과세를 피하려면 될 수 있는 한 빠른 시일 내에 결정하는 것이 유리하다.

〈증여재산의 반환시점에 따른 과세방법〉

| 증여재산의 종류 | | 반환 또는 재증여시기 | 당초 증여 | 반환·재증여 |
|---|---|---|---|---|
| 금전 | | 시기에 관계없음 | 증여세 과세 | 증여세 과세 |
| 금전 외의 재산 | 반환 전 증여세 결정 ○ | 시기에 관계없음 | 증여세 과세 | 증여세 과세 |
| | 반환 전 증여세 결정 × | 증여세 신고기한<sup>주)</sup> 이내 | 증여세 배제 | 증여세 배제 |
| | | 신고기한 경과 후 3개월 내 | 증여세 과세 | 증여세 배제 |
| | | 신고기한 경과 후 3개월 후 | 증여세 과세 | 증여세 과세 |

* 주) 증여세 신고기한: 증여받은 날이 속하는 달의 말일부터 3개월 이내

## • 증여계약 해제조건 성취에 의한 반환

증여계약의 해제조건에 의한 성취사유로 증여재산이 반환되면 조건성취의 효력은 조건이 성취된 이후부터 생기고 소급하지 않으므로 당초 증여는 증여세가 과세되나 반환거래는 증여세가 과세되지 않는다.

# PART 2

# 증여세
# 이해하기

# 01 받은 만큼 내는 증여세

*수증자별로 과세하되 10년 내 재차증여재산은 합산과세 함*

우리나라 증여세법은 일정 이상 금액을 증여받으면 증여받은 자가 증여세를 납부하는 수증자별 과세방식을 채택하고 있으나 10년 이내 동일인으로부터 재차 증여받은 재산에 대하여 합산과세 규정은 증여자별 과세방식에 의하고 있어서 결과적으로 두 가지 과세방식이 혼합된 형태를 취하고 있다.

## 증여세 과세 = 수증재산, 수증자 기준

현행 증여세는 수증자별 과세방식, 즉 수증자를 중심으로 수증자 각자가 증여받은 재산에 대하여 과세한다. 따라서 증여자가 다른 경우 수증자별로 각각 증여세를 신고하여야 한다.

| 증여세 납세의무자는? | 증여받은 사람(수증자) |
|---|---|
| 증여세 과세가액은? | 증여받은 재산가액 |

60    실전 증여 솔루션

## 배우자증여! 10년 내 6억원까지 세금 No

재산을 증여받은 경우에는 증여자와 수증자의 관계에 따라 다음 금액을 증여세 계산에서 공제한다.

| | | |
|---|---|---|
| 배우자 → 배우자 상대방 | | 6억원 |
| 직계존속 → 직계비속 | 수증자가 미성년자인 경우 | 2천만원 |
| | 수증자가 성년자인 경우 | 5천만원 |
| 직계비속 → 직계존속 | | |
| 기타 친인척으로부터 증여받은 경우 | | 1천만원 |

## 증여세 세율 = 초과누진세율 구조

증여세 세율은 과세표준 구간을 5단계로 구분하고 각 구간의 초과 단계마다 체증적으로 높은 세율을 적용하는 초과누진세율을 적용하고 있다. 즉 과세표준이 4억원이라면 20%의 단일세율을 적용하지 않고 1억원까지는 10%를 적용하고 1억원 초과금액인 3억원에 대해서만 20%를 적용하는 것이다.

| 과세표준 | 적용세율 |
|---|---|
| 1억원 이하 | 과세표준의 10% |
| 1억원 초과~5억원 이하 | 과세표준의 20% - 1천만원 |
| 5억원 초과~10억원 이하 | 과세표준의 30% - 6천만원 |
| 10억원 초과~30억원 이하 | 과세표준의 40% - 1억 6천만원 |
| 30억원 초과 | 과세표준의 50% - 4억 6천만원 |

## 손자에게 증여하면 할증과세

수증자가 증여자의 자녀가 아닌 직계비속인 경우에는 30%(수증자가 미성년자인 경우로서 증여재산가액이 20억원을 초과하는 경우 40%)를 할증하여 과세한다.

## 10년 내 또 증여하면 합산과세

증여일 전 10년 이내에 동일인(증여자가 직계존속인 경우 그 직계존속의 배우자 포함)으로부터 받은 증여재산가액을 합친 금액이 1천만원 이상인 경우 그 가액을 합산하여 계산하여야 한다. 다만 합산되는 가액은 증여일의 가액으로 평가하기 때문에 증여일 이후 증여재산의 가치가 증가하는 경우에 가치증가분은 포함되지 않으며, 선증여로 인하여 이미 납부한 증여세액은 증여세 계산시 공제가 가능(납부세액공제)하다.

## 부담부증여하면 채무액은 공제

증여재산에 담보된 채무를 인수하는 조건으로 증여(부담부증여)하는 경우 증여세를 계산할 때 부담한 채무가액은 증여가액에서 뺀 금액으로 한다. 다만 양도소득세 과세대상인 부동산이나 비상장주식 등을 부담부증여하는 경우라면 채무 부분만큼은 별도의 양도소득세를 내야 한다.

| 구분 | | 단순증여 | 부담부증여 |
|---|---|---|---|
| 부담할 세금 | | 증여세 | 증여세 + 양도소득세 |
| 증여세 | 납세의무자 | 증여받은 자 | 증여받은 자 |
| | 과세가액 | 전체 증여평가가액 | 전체 증여평가가액 - 채무인수액 |
| 양도 소득세 | 납세의무자 | - | 증여하는 자 |
| | 과세가액 | - | 채무인수액 |

## 조세감면이 적용되는 증여도 있다

사회통념상 인정되는 피부양자의 생활비 · 교육비 · 혼수용품으로 지출한 금액 등은 증여세를 부과하지 아니한다. 아울러 영농자녀 등이 증여받는 일정한 농지 등은 증여세가 감면되며, 공익법인 출연재산과 공익신탁재산은 증여세 과세가액에 포함하지 않는다. 한편 증여받는 사람이 장애인인 경우 장애인을 보험금 수령인으로 하는 보험으로서 연간 4천만원 이하의 보험금액 등은 증여세를 부과하지 아니하며, 장애인이 재산을 증여받고 이를 신탁업자에게 신탁하거나 타인이 장애인을 수익자로 하여 위탁하는 경우 5억원을 한도로 증여세 과세가액에 산입하지 않는다.

### 반드시 알아야 할 증여세 기초지식

- 증여세는 증여 받은 사람이 증여받은 재산을 기준으로 납부한다.
- 배우자증여세 10년간 6억원(성인자녀는 5천만원)까지 과세되지 않는다.
- 10%에서 최고 50%의 증여세율이 적용되어 세부담이 만만치 않다.
- 손자에게 증여시 30%(미성년자이고 20억원 초과시 40%) 할증과세가 된다.

- 10년 내 동일인에게 재차증여 받으면 합산과세를 한다.
- 부담부증여를 하면 채무인수액을 제외하고 증여세를 계산한다.
- 증여재산은 시가로 평가하며 시가가 없는 경우 보충적 평가방법에 의한다.
- 증여시기는 증여계약시점이 아닌 재산취득일이다.
- 조세감면이 적용되는 경우를 사전 숙지하여 증여세 부담을 줄이자.

## (02) 증여세는 어떻게 계산될까?

*사전증여재산 합하고 증여재산공제액과 채무는 빼서 계산함*

증여세는 증여일 현재 증여받은 재산가액에서 증여재산공제액을 빼고 그 금액에 증여세율을 곱하여 계산한다. 다만 증여일 전 10년 이내에 동일인으로부터 받은 증여재산가액은 더하며, ① 증여재산에 담보된 채무로서 수증자가 인수한 채무금액, ② 사회통념상 인정되는 피부양자의 생활비 등의 비과세 금액 ③ 장애인이 증여받은 재산의 과세가액 불산입금액 ④ 감정평가수수료 등은 빼서 증여세를 계산한다.

### 결코 만만치 않은 증여세 부담액

한국의 증여세 최고세율은 50%로 상당히 높은 수준이어서 실제 증여세 부담액이 생각보다 만만치 않게 부과된다.

| 증여가액 | 배우자에게 증여한 경우 | | 자녀에게 증여한 경우 | |
|---|---|---|---|---|
| | 증여세납부액 | 실효세율 | 증여세납부액 | 실효세율 |
| 1억원 | | | 4,850천원 | 4.9% |
| 3억원 | | | 38,800천원 | 12.9% |
| 5억원 | | | 77,600천원 | 15.5% |
| 10억원 | 67,900천원 | 6.8% | 218,250천원 | 21.8% |
| 30억원 | 776,000천원 | 25.9% | 989,400천원 | 33.0% |

\* 채무 등 공제액은 없음/ 재차증여금액은 없음/ 신고세액공제 3% 가정함.

## 〈증여세 계산방법〉

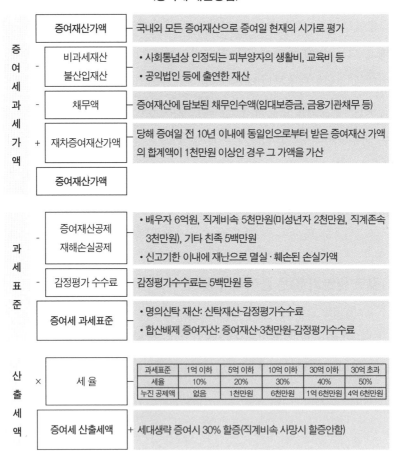

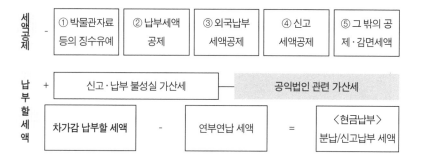

## 03 증여재산평가는 시가가 원칙이다

*시가평가 원칙이며 개별공시지가나 개별주택가격은 후순위임*

증여재산을 어떠한 가액으로 평가할지의 문제는 언뜻 단순해 보여도 생각보다 그리 간단하지 않다. 예를 들어 아파트를 증여하는 경우 부동산중개업소에서 거래호가도 있고 국토교통부에서 매월 발표하는 아파트실거래가도 있다. 아울러 비록 시가보다 낮은 가액이지만 매년 발표하는 아파트 기준시가도 있다. 과연 증여세 신고시 적용하여야 할 가액은 무엇일까?

### 증여재산평가! 시가 원칙

증여세가 부과되는 재산가액은 원칙적으로 증여일 현재의 시가(時價)에 따른다. 그러나 시가를 산정하기 어려운 경우에는 해당 재산의 종류, 규모, 거래상황 등을 고려하여 증여세법에서 규정한 보충적 평가방법으로 평가한 가액을 시가로 본다.

유가증권시장과 코스닥시장에 거래되는 주권상장법인의 주식(매매거래가 정지되거나 관리종목으로 지정·고시되는 경우 제외)의 경우 당해 재산의 매매가액·공매가격 및 감정가격 등이 비록 존재한다고 할지라도 평가기준일 이전·이후 각 2개월 동안 공표된 매일의 거래소 최종 시세가액의 평균액에 의하여 평가하여야 한다.

## 시가로 보는 매매·감정가액이란?

### • 시가 = 매매가액 또는 감정가액

시가란 증여재산 또는 증여재산과 유사한 재산에 증여일 전 6개월부터 평가기준일 이후 3개월(이를 '평가기간'이라 함) 이내의 기간 중 매매가액이나 감정가액이 있는 경우에 그 가액을 말한다. 아울러 증여일 전후 6개월 이내의 기간이 아니더라도 증여일 전 2년 이내의 기간 또는 증여세 신고기한 마감일로부터 6개월 이내에 매매 등이 있는 경우 납세자나 세무서장 등이 신청을 통하여 국세청 평가심의위원회의 심의를 거쳐 해당 매매 등의 가액을 시가에 포함시킬 수 있다.

〈시가평가 가능기간〉

| 시가 | 구분 | | |
|---|---|---|---|
| 해당 재산의<br>• 매매가액<br>• 감정가액<br>• 수용·경매가액 | 평가심의위원회 심의에 의한<br>시가평가가능기간 | 상증법상<br>평가기간 | 평가심의위원회 심의에 의한<br>시가평가가능기간 |
| | D-2년 　　　　D-6개월　평가기준일(D) | 법정신고기한 | 법정결정기한 |

| 시가 | 구분 |
| --- | --- |
| 해당 재산과 유사한 재산의<br>• 매매가액<br>• 감정가액<br>• 수용·경매가액 | |

### 참고  더욱 강력해진 시가적용

2019년부터 세법이 개정되면서 시가평가가능기간이 과거 증여일로부터 2년 이전부터 증여세 신고일에서 증여일로부터 2년 이전부터 증여세 신고마감일 이후 6개월까지로 그 범위가 더욱 확대되었다. 이에 증여플랜시 증여세 신고마감일 이후에 6개월 이내에 기간까지도 과세관청에 의하여 신고한 증여재산가액에 불구하고 다르게 증여세를 결정될 수 있음을 주지하여야 한다.

### • 시가로 인정되는 매매가액

시가로 인정되는 매매거래가액이 되기 위해서는 해당 재산 또는 해당 재산과 유사한 재산의 매매가 전제되어야 한다. 다만 여기에서 '매매사실이 있어야 한다'는 의미는 매매로 소유권이 이전된 것을 의미하는 것은 아니라 유효한 매매계약사실을 의미하므로 평가기간 이내에 매매계약만을 체결되고 소유권이 이전되지 않은 경우라도 그 가액을 시가로 볼 수 있다. 아울러 시가평가가능기간 이내에 건물을 신축한 가액이 있는 경우에도 그 신축가액은 시가로 볼 수 있다.

#### 시가로 인정되는 매매가액이란?

① 해당 재산 또는 이와 유사한 재산에 대한 매매사실이 존재할 것
② 해당 거래의 매매계약일이 증여세법상 평가기간 이내일 것
③ 해당 거래가 객관적으로 부당하다고 인정되는 거래 및 소액의 비상장주식 거래가 아닐 것

## • 시가로 인정하는 감정가액

증여재산(상장주식은 제외) 또는 해당 재산과 유사한 재산에 대하여 시가평가가능기간 이내에 둘 이상의 감정기관(소득세법상 기준시가가 10억원 이하의 부동산의 경우에는 하나 이상의 감정기관)이 평가한 감정가액이 있는 경우 그 감정가액의 평균액은 시가로 인정되는 금액으로 본다. 한편 은행의 대출목적으로 행하여 탁상감정가액은 증여세법상 감정기관에서 감정한 것이 아니므로 시가에 해당하지 않는다.

### 시가로 인정되는 감정가액이란?

① 평가대상재산이 주식 또는 출자지분이 아닐 것
② 감정기관이 감정평가한 사실이 있을 것
③ 감정평가시기가 증여세법상 평가기간 이내일 것
④ 납부목적에 부적합하거나 재산 원형대로 감정하지 아니한 경우일 것
⑤ 세무서장의 재감정 시 원감정가액보다 높다면 재감정가액으로 함

## • 2개 이상의 시가인정가액이 있는 경우

증여재산에 매매가액이나 감정가액이 있는 경우 유사사례가액보다 우선하여 적용한다. 그리고 해당 재산의 매매가액이나 감정가액이 2 이상인 경우 평가기준일을 전후하여 가장 가까운 날에 해당하는 가액을 시가로 본다.

**참고** 유사사례가액으로 인정되는 경우

시가평가가능기간에 증여재산에 매매가액 또는 감정가액이 없더라도 그 증여재산과 면적·위치·용도·종목 및 기준시가가 동일하거나 유사한 다른 재산에 매매가액 또

는 감정가액이 있다면 이를 시가로 볼 수 있다. 한편 공동주택의 경우 이러한 유사성에 대한 납세자와 과세당국 간에 갈등이 많아 증여대산과 동일한 공동주택단지 내에 있어야 하고 주거전용면적과 기준시가 모두 5% 이내의 차이가 있는 경우에 한정하여 유사성을 인정하고 있으며, 만일 이러한 기준에 해당하는 유사사례가액이 여러 개인 경우라면 기준시가 차이가 가장 작은 공동주택을 유사사례가액으로 인정하고 있다.

## 매매·감정가액은 어떻게 찾아야 할까?

증여재산의 매매가액 또는 감정가액은 등기부등본이나 탐문조사를 통하여 어느 정도 파악할 수 있으나 증여재산과 유사한 재산의 시가는 아래 방법을 참조하여 스스로 찾아야 한다.

### • 아파트 등 실거래가 조회서비스

국토교통부의 실거래가 공개시스템(http://rt.molit.go.kr)을 통하여 매월 아파트나 오피스텔 또는 분양권 등에 대한 거래가액 정보를 공개하고 있다.

### • 홈택스 유사매매사례가액조회

국세청 홈택스 중에는 '홈택스/조회발급/세금신고납부/상속증여재산평가하기'에서 공동주택과 오피스텔의 평가기간 내 유사사례가액과 관련한 정보를 제공하고 있다.

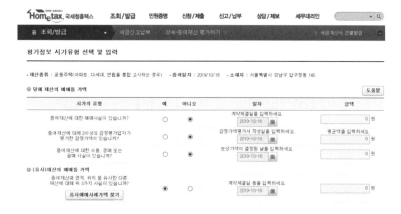

〈홈택스 유사매매사례가액조회〉

## 매매·감정가액이 없는 경우 평가방법은?

증여재산은 증여일 현재의 시가(時價)로 평가하는 것이 원칙이다. 그런데 실무적으로는 시가가 있는 경우가 증여재산 중에 아파트 등을 제외하고는 그리 많지 않다. 만일 증여재산을 시가로 평가하기 어려운 경우라면 증여세법에 의한 보충적 평가방법에 의하여 평가하여야 한다.

### • 부동산

부동산의 보충적평가방법의 대표적인 예가 토지의 경우 개별공시지가와 아파트의 경우 공동주택가격이다.

| 평가대상재산 | | | 보충적 평가방법에 의한 평가금액 |
|---|---|---|---|
| 부동산 | 주택 | 공동주택 | 공동주택가격 |
| | | 개별주택 | 개별주택가격 |
| | 일반상가 | | 토지: 개별공시지가, 건물: 건물 기준시가 |
| | 오피스텔 | | 일괄고시가격 |
| | 토지 | | 개별공시지가 |
| 부동산 권리 | 아파트당첨권·입주권 | | 납입금액+프리미엄 |
| | 골프·헬스·콘도회원권 | | 시가표준액 → 납입금액+프리미엄 |

## • 금융재산

금융재산의 보충적 평가방법에 의한 평가액은 금융재산별로 각각 다르며 요약하면 아래의 표와 같다.

| 평가대상재산 | | | 보충적 평가방법에 의한 평가금액 |
|---|---|---|---|
| 금융 재산 | 현금 | | 현금액 |
| | 예금·적금 | | 예입금액 + 미수이자 - 원천징수금액 |
| | 채권 | | • 거래소에서 거래되는 경우: 직전 2개월간의 최종시세가격 평균액과 최근일의 최종시세가액 중 큰 금액<br>• 기타의 경우: 매입가액이나 처분예상가액 |
| | 펀드 | | 기준가격, 기준가격이 없으면 환매가격 또는 가장 가까운 기준가격 |
| | 상장 주식 | 코스피·코스닥 | 4개월간 종가평균금액 |
| | | 코넥스·K-OTC | 순손익가치와 순자산가치를 고려하여 평가한 가액 |

## • 비상장주식

비상장주식을 보충적 평가방법에 의하여 평가하는 경우 원칙적으로 과거 3년간의 수익가치와 자산가치를 모두 고려하여 1주당 순손익가치와 순자산가치를 각각 3과 2의 비율(부동산과다보유법인의 경우에는 1주당 순손익가치와 순자산가치의 비율을 각각 2와 3으로 함)로 가중평균 한 가액(순자산가치의 80%를 한도로 함)으로 한다.

## 담보대출이 있다면 대출금액 이상으로 평가한다

만일 증여부동산을 담보로 근저당권을 설정하고 대출을 받은 경우라면 일반적인 재산평가규정에도 불구하고 부동산이 담보하는 채권액, 즉 대출금액과 시가 또는 보충적 평가방법으로 평가한 금액에 따라 평가한 가액 중 큰 금액을 그 재산의 가액으로 평가한다. 같은 논리로 임대보증금을 받고 부동산을 임대하는 경우도 이 규정의 적용을 받는다.

#### 저당권 등이 설정된 재산평가 Max[①, ②]

① 시가 또는 보충적 평가방법으로 평가한 금액
② 평가대상재산이 담보하는 채권액

## 임대부동산! 수익가치와 추가 비교한다

증여일 현재 사실상 임대차계약이 체결되거나 임차권이 등기된 재산 중 부동산 등의 재산평가는 시가평가가 원칙임은 전에 설명한 바와 같다. 그러나 시가를 산정하기 어려운 경우에는 보충적 평가방법에 따라 평가한 가액으로 평가하되 임대료 등 환산가액이 보충적 평가방법에 따라 평가한 가액보다 큰 경우라면 임대료 등 환산가액으로 평가한다. 여기에서 사실상 임대차계약이 체결되거나 임차권이 등기된 재산의 평가금액은 임대보증금과 월임대료를 환산한 금액으로 하며 월 임대료에는 관리비가 포함된다.

## 임대차계약이 체결된 경우의 평가방법 Max[①, ②]

① 임대료 등 환산가액: 상속개시일 현재의 월임대료 × 100 + 임대보증금
② 보충적 평가방법에 따라 평가한 가액

**사례 보기**

- 증여대상물건: 다세대주택
- 평가기준일: 2019.12.10(확인된 시가는 없음)
- 평가기준일 현재 개별주택가격: 2.8억원
- 임대차 현황: 임대보증금 1억원에 월세 2백만원임.
- 당해 주택의 근저당 설정시 담보하는 채권액: 1억원

**해설**

보충적 평가방법: Max[①, ②, ③] = 3억원
① 보충적 평가방법으로 평가한 금액: 2.8억원
② 임대료 환산금액 + 임대보증금: (2백만원×12)/12% + 1억원 = 3억원
③ 평가대상재산이 담보하는 채권액·임대보증금: 1억원

## 04 증여로 보는 시기는 언제일까?

*부동산은 등기접수일, 예금은 입금할 날을 증여시기로 봄*

증여일은 증여세 납세의무의 성립 여부와 증여재산공제 여부를 판단하고 증여재산의 평가기준일이 된다는 점에서 중요한 의미를 갖는다. 과연 세법상 증여일은 언제로 보아야 할까?

### 증여시점은 증여계약일이 아닌 재산취득일

민법상 증여는 당사자 일방이 무상으로 재산을 상대방에 수여하는 의사를 표시하고 상대방이 이를 승낙함으로써 그 효력이 발생하므로 증여계약일이 증여계약의 성립일이 된다. 그러나 세법에서는 증여계약의 실제 이행된 시점, 즉 증여에 의하여 재산을 취득하는 때를 증여일로 보고 있다. 이에 부동산의 경우 부동산 등기일을, 부동산 이외의 경우는 재산을 인도한 날 또는 사실상 사용일을 증여일로 본다.

Q. 부친이 2019년 2월 25일에 사망하였는데 부친 사망하기 한 달 전에 장남에게 부동산을 증여하기로 증여계약서를 작성한 바 있으나 가족의 반대로 부친 사망시까지 증여등기를 하지 못한 경우 장남의 증여에 대하여 증여세 신고를 하여야 하나요?

A. 피상속인(증여자)이 증여채무를 이행 중에 사망한 경우 증여로 취득한 재산은 상속재산에 포함되어 상속세가 부과되며, 해당 증여재산에 대하여 별도로 증여세가 과세되지 않는다.

## 부동산 증여일 = 부동산등기접수일

부동산의 경우 증여로 보는 시점은 부동산 등기접수일이다. 한편 아파트분양권이나 조합원 입주권 등 부동산을 취득할 수 있는 권리의 증여시기는 권리의무 승계일이다.

Q. 신규분양 아파트를 전업주부인 부인이 계약을 하였으며 남편의 수입으로 대금을 분할하여 납입하였다면 증여일은 언제로 보나요?

A. 건물을 증여할 목적으로 수증자의 명의로 당해 건물을 취득할 수 있는 권리(분양권)를 건설사업자로부터 취득한 경우 그 건물의 사용승인서 교부일, 사용승인 이전에 사실상 사용하거나 임시사용승인을 얻은 경우에는 그 사실상의 사용일 또는 임시사용승인일을 증여시기로 본다.

## 주식 증여일 = 주식 인도일 or 명의개서일

증여받는 자가 배당금 지급이나 주주권 행사 등에 의하여 해당 주식 등을 인도받은 사실이 객관적으로 확인되는 날에 취득한 것으로 보며, 해당 주식 등을 인도받은 날이 불분명하거나 해당 주식 등을 인도받기 전에 주주명부에 기재한 경우에는 그 명의개서일 또는 증권회사의 고객계좌 기재일로 한다.

## 금융자산 증여일 = 입금일 or 인출사용일

증여목적으로 자녀 명의의 예금계좌를 개설하여 현금을 입금한 경우 그 입금한 시기에 증여한 것으로 보는 것이나 입금한 시점에서 자녀가 증여받은 사실이 확인되지 아니한 때에는 당해 금전을 자녀가 인출하여 실제 사용하는 날에 증여받은 것으로 본다. 즉 자녀명의의 예금계좌를 개설하여 입금한 자체를 증여로 보는 것은 아니며, 자녀에게 증여한 것인지 여부는 재산을 증여받은 자가 세무서에 제출하는 증여세 신고서 등 객관적인 증빙 및 구체적인 사실관계를 확인하여 판단한다.

### 사례 보기

Q. 2019년 2월부터 5년간 매월 50만원씩 자녀 명의로 펀드를 가입하고 부모가 대신 납부할 예정이며 자녀명의 펀드는 5년 동안 납입 후 자녀 독립자금으로 활용할 계획인데 증여세 신고는 어떻게 하나요?

A. 부모가 증여목적으로 자녀 명의의 예·적금계좌를 개설하거나 펀드에 가입하여 현금을 입금한 경우 입금한 때마다 증여한 것으로 보아 증여받은 시점마다 증여일이 속하는 달의 말일로부터 3개월 이내에 신고하여야 한다. 다만 정기적금 등의 계약기간 동안 매회 불입한 금액을 부모가 불입하기로 자녀와 약정한 경우로서 그 사실을 최초 불입일부터 증여세 신고기한 이내에 신고하면 확정형 정기평가금 평가규정에 의하여 평가한 가액을 최초로 불입일에 증여한 것으로 본다.

## 05 비과세되는 증여도 있다

*증여세 비과세 또는 감면규정을 활용하여 증여플랜을*

현행 세법에서는 타인에게 무상으로 유형·무형의 재산 또는 이익을 이전하면 그 행위 또는 거래의 명칭·형식·목적 등과 관계없이 증여세를 과세하고 있다. 그러나 증여거래에 해당한다고 할지라도 과세하기에 적절하지 않거나 사회정책이나 공익목적을 달성하기 위하여 증여세를 비과세하거나 감면 또는 과세가액 불산입하는 규정을 두고 있다.

### 생활비·교육비·부의금·혼수용품은 비과세

**• 생활비·교육비·치료비의 경우**

사회통념상 인정되는 이재구호금품, 치료비, 피부양자의 생활비, 교육비·학자금은 증여세를 부과하지 아니한다.

**사례 보기**

Q 1. 손자녀의 해외 유학 학비를 할아버지가 부담하면 증여세는?

A. 부양의무가 있는 부모를 대신하여 부양의무가 없는 조부가 손자 생활비나 교육비를 부담하는 경우 증여세가 과세된다.

Q 2. 누나가 고령으로 병환 중에 있는 父를 모시고 있고 본인이 그 대가를 지급하기로 한 후 현재 10년째 모시고 있는데 마침 누나가 목돈이 필요하여 그 대가를 한꺼번에 지급하려고 하면 증여세는?

A. 필요시마다 직접 비용에 충당하기 위하여 증여한 재산이 아니라 치료비, 생활비 등의 명목으로 취득한 재산을 예·적금하거나 일시에 지급받아 부동산 등의 매입자금 등으로 사용하는 경우 증여세가 과세된다.

## • 부의금의 경우

판례에서 부의금은 상속인이 문상객으로부터 증여받은 재산으로 보며 피상속인에게 귀속하는 상속재산으로 보지 않는다. 현행 증여세법상 개인 간의 50만원 미만의 부의금은 과세되지 않으며. 50만원 이상의 부의금은 통상적인 금액이라 인정되어야 비과세된다. 그럼 상속인 간에 부의금의 귀속비율은 어떻게 될까? 판례에서는 부의금의 성격을 유족의 정신적 고통을 위로하며 장례에 따르는 유족의 경제적 부담을 덜어 주고 유족의 생활 안정에 기여함을 목적으로 증여되는 것으로 보아 장례비용에 충당하고 남는 것은 특별한 다른 사정이 없는 한 공동상속인들이 각자의 법정상속분에 따라 권리를 취득하는 것으로 본다. 반대로 만일 장례비용이 조위금보다 많은 경우도 법정상속분대로 부담해야 한다고 판시하고 있다.

### • 혼수용품과 결혼 축의금의 경우

양가가 주고받는 혼수용품의 경우 통상 필요하다고 인정되는 범위가 어느 정도일까? 증여세법에서 규정하는 통상 필요하다고 인정되어 비과세되는 혼수용품은 일상생활에 필요한 가사용품에 한하며 호화·사치용품, 주택·차량, 과도한 예물 또는 예단비용은 증여세가 과세될 여지가 있다. 아울러 결혼축의금은 혼사가 있을 때 일시에 많은 비용이 들어가는 혼주인 부모의 경제적 부담을 덜어 주려는 목적에서 부모와 친분관계에 있는 하객이 성의의 표시로 조건 없이 무상으로 건네는 금품으로 보므로 결혼 당사자인 신랑이나 신부의 친분관계에 기초해 직접 건네진 것이라고 볼 부분을 제외한 나머지는 혼주인 부모에게 귀속된다고 보고 있다. 따라서 부모에게 귀속되는 축의금은 자녀의 자금출처로 인정될 수 없고 자녀에게 귀속되는 축의금에 한해서 자녀의 자금출처로 인정 가능한 것으로 본다.


## 영농자녀의 증여농지 등에 대한 증여세 감면

농지의 소재지에 거주하면서 영농에 종사하는 자경농민이 영농자녀에게 일정한 농지 등을 증여하는 경우 해당 농지 등에 대한 증여로 인한 증여세는 5년간 1억원 한도 내에서 100% 감면한다. 다만 증여세를 감면받은 농지 등을 영농자녀의 사망 등의 정당한 사유 없이 증여받은 날부터 5년 이내에 양도하거나 해당 농지 등에서 직접 영농에 종사하지 아니하게 된 경우에는 즉시 그 농지 등에 대한 증여세의 감면세액에 상당하는 금액을 추징한다.

## 공익법인 출연재산에 대한 과세가액 불산입

공익법인 등이 출연받은 재산의 가액은 증여세 과세가액에 산입하지 아니한다. 아울러 증여재산 중 증여자가 공익신탁으로서 종교 · 자선 · 학술 또는 그 밖의 공익을 목적으로 하는 신탁을 통하여 공익법인 등에 출연하는 재산의 가액은 증여세 과세가액에 산입하지 아니한다.

## 장애인이 증여받은 재산에 대한 특례규정

### • 보험금의 연간 4천만원 한도 비과세
장애인을 보험금 수익자로 한 보험의 보험금은 연간 4천만원을 한도로 비과세한다.

### • 증여 후 신탁한 재산은 5억원까지 과세가액불산입
장애인이 재산을 증여받거나 타인에게 장애인을 수익자로 하여 재산을 위탁하고 증여세 신고기한까지 다음의 요건을 모두 갖춘 경우 그 증여받은 재산가액을 증여세 과세가액에 산입하지 아니한다. 다만 증여받은 재산가액은 장애인이 살아 있는 동안 증여받은 재산가액을 합친 금액기준으로 5억원을 한도로 하며, 차후에 신탁을 해지하거나 신탁기간 중 수익자를 변경하는 등에 해당하면 증여세를 추징한다.

① 증여받은 재산 전부를 신탁업자에게 신탁하였을 것.
② 그 장애인이 신탁의 이익 전부를 받는 수익자일 것.
③ 신탁기간이 그 장애인이 사망할 때까지로 되어 있을 것. 다만, 장애인이 사망하기 전에 신탁기간이 끝나는 경우에는 신탁기간을 장애인이 사망할 때까지 계속 연장하여야 한다.

• 항시 치료를 요하는 중증환자도 장애인으로 봄

장애인이 증여받은 재산에 대한 특례규정의 적용대상이 되는 장애인의 범위는 「장애인복지법」에 따른 장애인뿐만 아니라 소득세법상 장애인공제가 가능한 항시 치료를 요하는 중증환자도 의료기관에서 발급하는 장애인증명서만 있으면 장애인의 범위에 포함되므로 그 활용범위가 비교적 넓다.

## **06** 부담부증여하면 채무액은 공제된다

부담부증여시 채무 부분은 양도세를 나머지는 증여세 납부해

부담부증여란 수증자가 증여를 받는 동시에 일정한 채무를 부담하는 증여를 말한다. 이러한 부담부증여는 실제 증여플랜에서 절세방법으로 많이 통용되는 단골 메뉴 중 하나다.

### 부담부증여 증여가액 = 증여재산평가액 - 채무인수액

예를 들면 10억원의 부모소유 상가를 자녀에게 증여하고 임차보증금 2억원을 자녀가 인수하는 경우 이를 부담부증여라 한다. 이 경우 수증자인 자녀 입장에서 보면 증여재산가액 10억원에서 채무 2억원을 차감한 금액인 8억원 만큼만 증여받은 셈이 되므로 증여세 계산에서 자녀가 인수한 채무 2억원을 차감하는 것이 논리적으로 타당하다.

## 공제되는 채무의 요건은?

부담부증여로 증여세 계산에서 공제 가능한 채무이기 위해서는 ①
증여자의 채무일 것, ② 증여일 현재 확정된 채무일 것, ③ 해당 증
여재산에 담보된 채무일 것, ④ 수증자가 채무를 실제로 인수할 것의
요건을 모두 갖추어야 한다.

### • 증여자의 채무일 것

부담부증여의 증여세 계산에서 공제 가능한 채무이기 위해서는 증
여자의 실제적 채무여야 한다. 예를 들어 6억원 상당의 父 아파트에
딸이 근저당권을 설정하고 딸의 명의로 은행에서 2억원을 융자를 받
은 상태에서 아들에게 父 아파트를 증여하는 경우는 父의 채무가 아
니라 딸의 채무이므로 세법상 공제가능한 부담부증여가 아니다.

### • 증여일 현재 확정된 채무일 것

부담부증여의 증여세 계산에서 공제 가능한 채무이기 위해서는 증
여일 현재 확정된 채무여야 한다. 따라서 채무를 증여자가 차후에 부
담하기로 하고 증여하였을 경우, 증여일보다 담보대출 실행일이 늦
은 경우나 증여일 전에 미리 상환한 채무는 모두 공제대상이 아니다.

### • 해당 증여재산에 담보된 채무일 것

부담부증여의 증여세 계산에서 공제 가능한 채무는 해당 증여재산
에 담보된 채무에 한한다. 따라서 父가 아들에게 상가를 부담부증여

하면서 상가를 담보로 하는 채무가 아닌 거주 아파트를 담보로 하는 채무를 떠안는 식의 증여는 부담부증여의 증여세 계산에서 공제 가능한 채무로 볼 수 없다.

## • 수증자가 채무를 실제로 인수할 것

부담부증여의 증여세 계산에서 공제 가능한 채무이기 위해서는 수증자가 채무를 실제로 인수한 사실이 입증된 경우에 한한다. 수증자가 채무를 실제로 인수한 사실의 입증은 증여 당시 금융기관의 채무자 명의가 변경되었음을 입증하거나 증여계약서상에 임차보증금이 증여계약 이후에 승계한다는 조문을 삽입하면 된다. 더 나아가 부담부증여 이후에도 금융채무나 임대보증금의 변제나 관련 대출이자 납입을 증여자가 하게 되면 과세관청에서는 증여받은 자가 실제로 채무를 인수하였는지를 따지게 된다.

## 공제되는 채무 = 양도세 과세

10억원의 부모 소유 상가를 자녀에게 증여하면서 임차보증금 2억원을 자녀가 인수하는 경우 증여자인 부모 입장에서 보면 부담부증여로 인하여 부모가 부담해야 할 채무 2억원이 없어지는 셈이 되기 때문에 이를 유상으로 사실상 이전한 것으로 보아 별도로 양도소득세가 과세된다.

## 〈父 → 子 부담부 증여시 부담할 세금은?〉

| 채무인수부분<br>임차보증금 2억원 | ⇨ | [양도소득세: 父 부담]<br>과세되는 양도차익 =<br>부담한 채무 - 채무 부분에 해당하는 취득가액 |
|---|---|---|
| 순수증여부분<br>8억원 | ⇨ | [증여세: 子 부담]<br>과세되는 증여과세가액 =<br>순수증여 부분(증여재산가액-부담채무액) |

# 07 재차증여재산은 10년간 합산된다

*동일인에게 10년 이내에 또다시 증여받으면 합산과세함*

해당 증여일 전 10년 이내에 동일인(증여자가 직계존속인 경우에는 그 직계존속의 배우자를 포함)으로부터 받은 증여재산가액을 합친 금액이 1천만원 이상인 경우에는 그 가액을 증여세 과세가액에 가산하되 이중과세 방지를 위하여 기왕에 납부한 증여세액을 증여세 계산에서 공제하도록 하고 있다.

## 소급하여 10년 내 증여는 합산함

만일 증여 건마다 증여세를 과세한다고 가정하면 현행 증여세율이 10~50%의 5단계 누진세율 구조이므로 수차례 나누는 행위만으로도 증여세를 줄일 수 있게 된다. 이러한 불합리한 점을 극복하기 위하여 입법 기술상 수차례의 증여가 있는 10년 단위로 합산하여 과세하고 이에 맞춰 증여재산공제금액도 10년 단위로 나누어 공제한다.

Q. 父가 출가한 딸에게 ① 현재 시점에 1억원을 한꺼번에 증여하는 경우, ② 현재시점에 5천만원 증여하고 10년 후에 다시 5천만원 증여하는 경우, ③ 매년 5백만원씩 20년간 증여하는 경우의 증여세 부담은?

A. ①의 경우는 4,850천원(= 1억원 × 10% - 신고세액공제 3%)

②, ③의 경우는 0원(10년 합산하여 증여세액공제 5천만원까지 공제함)

→ 위 케이스에서 증여세가 차이를 보이는 이유는 재차증여에 대하여 10년 단위로 과세하기 때문임. 다만 수증자인 딸이 현재시점에서 4,850천원을 납부하지만 증여 이후 증여재산에 대한 수익은 딸에게 귀속됨.

## 동일인으로부터 증여만 합산함

재차증여에 대하여 10년간 합산과세 한다면 증여일로부터 소급하여 모든 증여가 합산되는 것일까? 결론부터 말하면 그렇지는 않다. 즉 비록 증여일로부터 소급하여 10년 이내에 여러 번에 걸쳐 이루어졌다 할지라도 증여자가 동일인이 아닌 경우나 증여받는 자는 동일인이지만 증여자가 동일인이 아닌 경우는 합산과세하지 않는다. 다만 증여자가 증여받는 자의 직계존속(예: 친부모 또는 친할아버지, 외할아버지)인 경우 직계존속의 배우자는 동일인으로 본다. 여기에서 증여자가 동일인인지 여부의 판단은 적용되는 증여세율이 달라지며, 증여재산공제와 직접적 관련을 가지기 때문에 세심하게 이해하는 것이 필요하다.

• 父母 또는 조부모가 증여하는 경우

父母나 조부모, 외조부모가 직계비속에게 증여하는 경우는 父와 母, 조부와 조모, 외조부와 외조모는 동일인으로 보나 父母와 조부, 父母와 외조부, 조부모와 외조부모는 동일인으로 보지 아니한다. 예를 들어 父가 5천만원을, 母가 1억원을 증여한 경우나 조부가 5천만원을, 조모가 1억원을 증여한 경우 합산과세하나, 父가 5천만원을, 조부가 1억원을 각각 자녀에게 증여한 경우나 父 5천만원을, 외할아버지가 1억원을 각각 자녀에게 증여한 경우는 합산하여 과세하지 않는다.

| 1차 증여 | 2차 증여 | 합산신고 | 적용할 증여재산공제 |
|---|---|---|---|
| 父 → 장남 | 父 → 장남 | ○ | 합산하여 5천만원 공제 |
| 父 → 장남 | 父 → 차녀 | × | 각각 5천만원 공제 |
| 父 → 장남 | 母 → 장남 | ○ | 합산하여 5천만원 공제 |
| 조부 → 장남 | 조모 → 장남 | ○ | 합산하여 5천만원 공제 |
| 父 → 장남 | 조부 → 장남 | × | 합산하여 5천만원 공제 |
| 父 → 장남 | 외조부 → 장남 | × | 합산하여 5천만원 공제 |
| 외조부 → 장남 | 외조부 → 장남 | ○ | 합산하여 5천만원 공제 |

* 1차 증여는 2차 증여일로부터 10년 이내이며 수증자는 성년이라고 가정함.

1차증여: 5천만원, 2차증여: 1억원(1차증여 후 10년 이내 증여함)

| 구분 | 父, 母 → 子 | | 父, 祖父 → 子 | |
|---|---|---|---|---|
| | 1차증여(父) | 2차증여(母) | 1차증여(父) | 2차증여(祖父) |
| 증여재산가액 | 50,000,000 | 100,000,000 | 50,000,000 | 100,000,000 |
| 재차증여합산 | - | 50,000,000 | - | - |
| 증여재산공제 | 50,000,000 | 50,000,000 | 50,000,000 | - |
| 과세표준 | - | 100,000,000 | - | 100,000,000 |
| 세율 | - | 10% | - | 10% |
| 산출세액 | - | 10,000,000 | - | 10,000,000 |
| 할증과세액 | | | | 3,000,000 |
| 납부세액공제 | | | | |
| 신고세액공제 | | 300,000 | | 390,000 |
| 납부세액 | | 9,700,000 | | 12,610,000 |

## • 父母가 증여 후 사망 · 이혼 · 재혼의 경우

자녀가 父에게 증여받은 후 父가 사망 또는 이혼한 경우 母에게 생전에 증여받은 부분은 10년 내 증여라 할지라도 합산과세 하지 않는다. 또한 증여자가 父와 계모, 母와 계부인 경우와 사실혼 관계에 있는 父母는 동일인에 포함하지 않는다. 그러나 이 경우라도 증여재산 공제의 적용은 사실혼관계의 父母인 경우를 제외하고 먼저 한 증여부터 순차적으로 10년간 5천만원(수증자가 성인인 자녀인 경우)만 공제한다.

| 1차 증여 | 2차 증여 | 합산신고 | 적용할 증여재산공제 |
|---|---|---|---|
| 父(사망) → 子 | 母 → 子 | × | 합산하여 5천만원 공제 |
| 父(이혼) → 子 | 母 → 子 | × | 합산하여 5천만원 공제 |
| 父 → 子 | 계모 → 子 | × | 합산하여 5천만원 공제 |
| 父 → 子 | 사실혼 母 → 子 | × | 父 증여만 5천만원 공제 |

\* 1차 증여는 2차 증여일로부터 10년 이내이며 수증자는 성년이라고 가정함.

### • 입양 · 혼인외 출생자에게 증여하는 경우

직계비속이란 친생자뿐만 아니라 입양을 통한 법정혈족인 양자도 포함한다. 다만 사실혼 배우자의 자녀(혼인외 출생자)는 민법상 인지절차를 통하여 관계가 입증된 경우만 직계존비속 관계로 본다.

| 1차증여 | 2차증여 | 합산신고 | 적용할 증여재산공제 |
|---|---|---|---|
| 양부 → 양자 | 양모 → 양자 | ○ | 합산하여 5천만원 공제 |
| 양부 → 양자 | 生父 → 출양자(양자) | × | 일반입양: 합산하여 5천만원 공제<br>출양자입양: 양부 5천, 생부 공제없음 |
| 生父 → 출양자 | 生母 → 출양자 | 일반입양:○<br>출양자입양: × | 일반입양: 합산하여 5천만원 공제<br>출양자입양: 공제없음 |
| 生父 → 혼인외출생자 | 生父 → 혼인외출생자 | ○ | 공제 없음. 단 인지후에는 가능함 |

\* 1차 증여는 2차 증여일로부터 10년 이내이며 수증자는 성년이라고 가정함.

### • 시부모 장인 · 장모가 증여하는 경우

며느리나 사위가 시부모 또는 장인 · 장모로부터 증여받는 경우 10년 내 증여라 할지라도 합산과세 하지 않는다. 아울러 증여재산공제는 수증자 기준으로 10년간 1천만원을 공제한다.

1차증여: 5천만원, 2차증여: 1억원(1차증여 후 10년 이내 증여함)

| 구분 | 시아버지, 시어머니 → 며느리 | | 父, 시아버지 → 女(며느리) | |
|---|---|---|---|---|
| | 1차(시아버지) | 2차(시어머니) | 1차(父) | 2차(시아버지) |
| 증여재산가액 | 50,000,000 | 100,000,000 | 50,000,000 | 100,000,000 |
| 재차증여합산 | - | - | - | - |
| 증여재산공제 | 10,000,000 | - | 50,000,000 | 10,000,000 |
| 과세표준 | 40,000,000 | 100,000,000 | - | 90,000,000 |
| 세율 | 10% | 10% | 10% | 10% |
| 산출세액 | 4,000,000 | 10,000,000 | - | 9,000,000 |
| 신고세액공제 | 120,000 | 300,000 | - | 270,000 |
| 납부세액 | 3,880,000 | 9,700,000 | - | 8,730,000 |

## • 父母가 자녀에게 증여받는 경우

부모가 자녀에게 증여받는 경우 동일인인 자녀에게 수차례 증여받았다면 10년간 합산과세 된다. 그러나 증여자인 자녀가 동일인이 아니거나 증여자가 증여자인 자녀의 배우자(며느리·사위)이라면 합산과세 되지 않는다. 이는 자녀가 부모에게 증여받는 경우 합산과세 되는 것과 비교되는 대목이다.

| 1차증여 | 2차증여 | 합산신고 | 적용할 증여재산공제 |
|---|---|---|---|
| 장남 → 父 | 장남 → 父 | ○ | 합산하여 5천만원 공제 |
| 장남 → 父 | 장남 → 母 | × | 부모가 각각 5천만원 공제 |
| 장남 → 父 | 딸 → 父 | × | 합산하여 5천만원공제 |
| 장남 → 父 | 며느리 → 父 | × | 장남에게 5천만원, 며느리에게 1천만원 공제 |
| 장남 → 父 | 계자녀 → 父 | × | 합산하여 5천만원 공제 |

* 1차 증여는 2차 증여일로부터 10년 이내라고 가정함.

## • 기타 친족에게 증여받는 경우

해당 증여일 전 10년 이내에 동일인으로부터 받은 증여재산만 합산과세 한다. 만일 증여자가 직계존속인 경우(예: 부모)에 그 직계존속의 배우자를 동일인으로 보지만 증여자가 직계존속이 아닌 경우(예: 고모와 고모부)에는 배우자라도 동일인으로 보지 않는다.

| 1차증여 | 2차증여 | 합산신고 | 적용할 증여재산공제 |
|---|---|---|---|
| 父 → 子 | 고모 → 子 | × | 부에게 5천만원, 고모에게 1천만원 공제 |
| 이모 → 子 | 고모 → 子 | × | 합산하여 1천만원공제 |
| 고모부 → 子 | 고모 → 子 | × | 합산하여 1천만원공제 |
| 고모부 → 子 | 고모 → 女 | × | 자녀 각각 1천만원공제 |

\* 1차 증여는 2차 증여일로부터 10년 이내라고 가정함.


## 합산과세시 증여 당시 가액으로 평가함

증여재산의 합산과세시 증여재산 가액은 각 증여일 현재의 재산가액에 따른다. 즉 합산하는 종전의 증여재산가액은 각각 증여 당시의 증여일의 재산가액에 의하는 것으로 합산 당시의 상황에 따라 다시 평가하지 않는다.


## 기납부세액은 공제함

동일인의 10년 이내 재차증여재산에 대하여 합산과세 하면 필연적으로 이중과세 문제가 발생할 수 있다. 이에 증여세법은 이중과세를 방지하고자 증여세 과세가액에 가산한 증여재산의 가액에 대하여 납부하였거나 납부할 증여세액은 증여세 산출세액에서 공제하고 있다.

## 08 절세의 기본! 증여재산공제 이해하기

*수증자별로 10년 동안 4가지 영역별로 증여재산공제 적용함*

증여재산공제는 수증자를 기준으로 증여자가 배우자이면 6억원, 직계존비속이면 5천만원(직계비속이 미성년자이면 2천만원), 기타 친족이면 1천만원을 공제한다. 이 경우 수증자를 기준으로 그 증여를 받기 전 10년 이내에 공제받은 금액과 해당 증여가액에서 공제받을 금액을 합친 금액이 증여재산공제액을 초과하는 경우 그 초과하는 부분은 공제하지 아니한다.

### 증여재산공제 금액은?

증여재산공제는 수증자와 증여자가 일정한 친족관계에 있는 경우에만 공제가 가능하다. 따라서 친족이 아닌 사람으로부터 증여받는 경우라면 증여재산공제를 적용받을 수 없다.

| 구분 | | 증여재산공제액 | 합산기간 |
|---|---|---|---|
| 배우자 간 증여 | | 6억원 | |
| 직계존속 → 직계비속 | 직계비속이 미성년자 O | 2천만원 | |
| | 직계비속이 미성년자 × | 5천만원 | 10년 |
| 직계비속 → 직계존속 | | 5천만원 | |
| 기타 친족간 증여 | | 1천만원 | |
| 위 이외의 타인 간 증여의 경우 | | 없음 | - |

## • 배우자로부터 증여받는 경우

배우자 간 증여에서 6억원의 증여재산공제를 받으려면 반드시 법률혼관계가 요구되며 만일 사실혼 관계에 있거나 이혼한 이후 배우자 간에 증여한 경우는 공제가 불가하다.

## • 직계존속 → 직계비속 간 증여의 경우

직계비속이 직계존속으로부터 증여를 받은 경우에는 5천만원을, 미성년자인 직계비속이 직계존속으로부터 증여를 받은 경우 2천만원을 공제한다. 여기에서 미성년자는 증여일 현재 민법에 따라 만 19세에 이르지 못한 경우를 말하는데, 미성년자가 혼인한 경우 만 19세에 이르지 못하더라도 성년으로 본다. 여기에서 직계존속의 범위에는 부계(예: 부 · 조부모 · 증조부모)뿐만 아니라 모계(예: 모 · 외조부모 · 외증조부모)를 포함한다.

## • 증여 후 사망 · 이혼 · 재혼가정 증여의 경우

증여재산공제규정을 적용할 때 증여 후 증여자가 사망하거나 이혼 또는 재혼하는 것은 직계존비속 관계의 해체를 의미하는 것이 아니므로 사망 또는 이혼 · 재혼과 관계없이 증여재산공제를 적용한다. 더 나아가 계부모와 계자녀 관계도 민법상 직계존비속 간이 아닌 인척관계로 보지만 세법에서는 직계존비속 간의 관계로 인정하여 증여재산공제를 적용한다.

## • 입양 또는 혼인외출생자 증여의 경우

증여재산공제규정에서 직계비속이란 친생자뿐만 아니라 입양을 통한 법정혈족인 양자도 포함한다. 이를 구체적으로 살펴보면 증여재산공제는 일반 입양인지 친양자 입양인지에 따라 다르다. 즉 일반 입양의 경우 일반 입양자(출양자)는 친생부모와 양부모 쌍방의 직계비속에 해당하는 반면에, 친양자 입양의 경우 입양으로 인하여 친생부모와 출양자 사이에는 친족관계가 종료하고 양부모만 직계비속에 해당된다. 한편 사실혼 배우자의 자녀(혼인외 출생자)는 민법상 인지절차를 통하여 관계가 입증된 경우만 직계존비속 관계로 본다.

## • 직계비속 → 직계존속 간 증여의 경우

직계존속이 직계비속(수증자와 혼인 중인 배우자의 직계비속을 포함)으로부터 증여받는 경우에도 5천만원을 공제한다.

## • 친족 간 증여의 경우

기타 친족의 범위는 수증자를 기준으로 6촌 이내의 혈족이나 4촌 이내의 인척을 말한다. 여기에서 혈족은 형제자매, 부계(예: 백부 · 숙부 · 고모 · 4촌 형제)뿐만 아니라 모계(예: 외삼촌 · 이모 · 외사촌 · 이종사촌)의 방계를 모두 포함한다. 아울러 인척이란 혈족의 배우자(형수·매형), 배우자의 혈족(예: 시부모·장인·장모·처형·처남) 또는 배우자의 혈족의 배우자(처남댁·동서)를 말한다. 한편 남편(처)이 사망하여 사별한 경우로서 처(남편)와 남편(처) 혈족과의 친족의 해당 여부는 처(남편)가 재혼하지 않은 경우에는 남편(처)과의 관계에 따르지만 재혼하면 인척관계는 소멸된 것으로 본다.

## 재차증여시 10년 이내 합산하여 공제함

증여재산공제는 수증자를 기준으로 그 증여를 받기 전 10년 이내에 공제받은 금액과 해당 증여가액에서 공제받을 금액을 합친 금액이 증여재산공제액을 초과하는 경우에는 그 초과하는 부분은 공제하지 아니한다. 즉 해당 증여일 이전 10년 이내에 배우자나 직계존속, 직계비속 기타 친족으로부터 수차례 증여가 있는 경우, ① 해당 증여일 현재 적용될 증여재산공제금액이 얼마인지를 판단한 후 ② 기 증여로 인하여 해당 증여일 이전 10년 이내에 이미 공제한 증여재산공제금액을 순차적으로 차감하여 ③ 해당 증여일에 공제 가능한 증여재산공제금액을 계산한다.

## 1. 증여내역

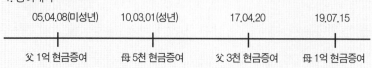

| 05.04.08(미성년) | 10.03.01(성년) | 17.04.20 | 19.07.15 |
|---|---|---|---|
| 父 1억 현금증여 | 母 5천 현금증여 | 父 3천 현금증여 | 母 1억 현금증여 |

## 2. 재차증여합산과세와 공제가능한 증여재산공제금액

| 구분 | 05.04.08 증여 | 10.03.01 증여 | 17.04.20 증여 | 19.07.15 증여 |
|---|---|---|---|---|
| 증여재산가액 | 100,000,000 | 50,000,000 | 30,000,000 | 100,000,000 |
| 재차증여합산 | - | 100,000,000[주1] | 50,000,000[주1] | 80,000,000[주1] |
| 증여재산공제 | 15,000,000[주2] | 30,000,000[주2] | 50,000,000 | 50,000,000 |
| 과세표준 | 85,000,000 | 120,000,000 | 30,000,000 | 130,000,000 |
| 세율 | 10% | 20% | 10% | 20% |
| 산출세액 | 8,500,000 | 14,000,000 | 3,000,000 | 16,000,000 |

주1) 동일인(직계존속인 경우 그 배우자 포함)의 증여는 증여일 이전 10년간 합산함.
주2) 13.12.31. 이전에는 증여일로부터 10년 이내에 공제 가능한 직계비속의 증여재산공제금액은 3천만원(미성년자 1,500만원)임.


# 4가지 영역별로 각각 공제함

합산기간인 10년 이내에 수차례에 걸쳐 복수의 배우자나 직계존속·직계비속·기타친족으로부터 증여받은 경우 공제 가능한 증여재산공제금액은 이를 수증자 기준으로 4가지 영역으로 구분하여 ① 증여자가 배우자이면 6억원, ② 증여자가 직계존속이면 5천만원(직계비속이 미성년자이면 2천만원), ③ 증여자가 직계비속이면 5천만원, ④ 증여자가 기타친족이면 1천만원을 각각 영역별로 공제한다.

## ① 배우자 간 증여

| 1차증여 | 2차증여 | 합산신고 | 적용할 증여재산공제 |
|---|---|---|---|
| A(혼인전)→B | A(혼인중)→B | ○ | 2차증여만 6억원 공제 |
| A(혼인중)→B | A(혼인중)→B | ○ | 1차·2차증여 합산 6억원 공제 |
| A(혼인중)→B | C(재혼배우자)→B | × | 1차·2차증여 합산 6억원 공제 |
| A(혼인중)→B | A(이혼후)→B | ○ | 1차증여만 6억원 공제 |

* 1차증여는 2차증여일로부터 10년 이내라고 가정함.


## ② 직계존속으로부터 증여

| 1차증여 | 2차증여 | 합산신고 | 적용할 증여재산공제 |
|---|---|---|---|
| 父 → 장남 | 父 → 장남 | ○ | 합산하여 5천만원 공제 |
| 父 → 장남 | 父 → 차녀 | × | 각각 5천만원 공제 |
| 父 → 장남 | 母 → 장남 | ○ | 합산하여 5천만원 공제 |
| 조부 → 장남 | 조모 → 장남 | ○ | 합산하여 5천만원 공제 |
| 父 → 장남 | 조부 → 장남 | × | 합산하여 5천만원 공제 |
| 父 → 장남 | 외조부 → 장남 | × | 합산하여 5천만원 공제 |
| 외조부 → 장남 | 외조부 → 장남 | ○ | 합산하여 5천만원 공제 |

* 1차 증여는 2차 증여일로부터 10년 이내이며 수증자는 성년이라고 가정함.


## ③ 직계비속으로부터 증여

| 1차증여 | 2차증여 | 합산신고 | 적용할 증여재산공제 |
|---|---|---|---|
| 장남 → 父 | 장남 → 父 | ○ | 합산하여 5천만원 공제 |
| 장남 → 父 | 장남 → 母 | × | 부모가 각각 5천만원 공제 |
| 장남 → 父 | 딸 → 父 | × | 합산하여 5천만원공제 |
| 장남 → 父 | 며느리 → 父 | × | 장남에게 5천만원, 며느리에게 1천만원 공제 |
| 장남 → 父 | 계자녀 → 父 | × | 합산하여 5천만원 공제 |

* 1차 증여는 2차 증여일로부터 10년 이내라고 가정함.


## ④ 기타 친족으로부터 증여

| 1차증여 | 2차증여 | 합산신고 | 적용할 증여재산공제 |
|---|---|---|---|
| 父 → 子 | 고모 → 子 | × | 부에게 5천만원, 고모에게 1천만원 공제 |
| 이모 → 子 | 고모 → 子 | × | 합산하여 1천만원 공제 |
| 고모부 → 子 | 고모 → 子 | × | 합산하여 1천만원 공제 |
| 고모부 → 子 | 고모 → 女 | × | 자녀 각각 1천만원 공제 |

* 1차증여는 2차증여일로부터 10년 이내라고 가정함.

## 재차증여시 합산과세와의 관계

　재차증여재산의 합산과세와 증여재산공제는 해당 증여일 전 10년 이내의 증여재산을 대상으로 한다는 면에서 유사성을 보인다. 다만 증여재산공제는 수증자와 증여자의 관계를 4가지 영역별로 구분하여 수증자 기준으로 증여자가 동일한 사람인지 여부를 따지지 않고 영역별로 증여재산공제금액을 순차적으로 적용하는 반면에 재차증여재산의 합산과세는 수증자 기준으로 증여자가 동일(단 증여자가 직계존속인 경우 그 배우자도 동일인으로 봄)한 경우에만 합산과세규정을 적용한다는 차이점이 있다.

## 09 손자에게 증여하면 할증과세가 된다

*손자에게 세대생략증여 할증과세가 불리한 것만은 아니다*

수증자가 증여자의 자녀가 아닌 직계비속인 경우(예: 손자녀)에는 증여세산출세액에 30%(수증자가 증여자의 자녀가 아닌 직계비속이면서 미성년자인 경우로서 증여재산가액이 20억원을 초과하는 경우에는 40%)에 상당하는 금액을 가산한다.

### 세대생략증여= 할증과세

세대생략증여에 의하여 할증과세가 되기 위해서는 직계존속인 증여자가 직계비속인 수증자에게 세대를 뛰어넘어 증여하는 경우, 즉 할아버지가 손자에게, 외할아버지가 손녀에게 증여하는 경우에 해당하여야 한다. 여기에서 직계존속의 범위에는 부계(예: 부·조부모·증조부모)뿐만 아니라 모계(예: 모·외조부모·외증조부모)를 포함한다. 다만 증여자의 최근친인 직계비속이 사망하여 그 사망자의 최근친인 직계비속이 증여받은 경우에는 할증과세 하지 않는다.

## 할증과세금액은?

세대생략증여의 할증률은 원칙적으로 30%이지만 수증자가 미성년자이고 증여재산가액이 20억원을 초과하는 고액상속의 경우에는 40%를 적용한다. 한편 재차증여재산에 대한 합산과세 함에 있어 세대생략 할증과세대상 증여재산과 세대생략 할증과세대상이 아닌 증여재산이 동시에 존재하는 경우 총 증여재산에서 세대생략 할증과세대상 증여재산이 해당하는 산출세액만큼만 할증과세를 적용한다.

## 할증과세! 반드시 불리한 것만은 아니다

세대생략증여가 비록 증여세 할증과세 되지만 반드시 불리한 것만은 아니다. 즉 할아버지가 아버지를 거치지 않고 손자에게 증여하는 경우 재산이전 단계가 2번에서 1번으로 단축됨으로써 취득세 등 이전비용이 줄게 된다. 아울러 할아버지에서 아버지로, 다시 아버지에서 손자로 재산을 이전할 때 발생하는 증여세나 상속세의 세금합계가 증여세 할증과세를 한 금액보다 많은 경우도 있다. 또한 할아버지가 손자에게 세대생략증여를 하면 손자는 할아버지의 상속인이 아니므로 할아버지의 상속시점으로부터 1년 이전에 증여하면 상속인 간 유류분 분쟁대상에서 자유로울 수 있으며, 증여시점이 할아버지의 상속시점으로부터 5년이 지난다면 상속재산 계산시 사전증여재산에서 제외될 수도 있다. 이에 처분이 제한된 선산 등을 할아버지에서 손자에게 면세점 이하 금액으로 세대생략증여 하는 사례가 적극 활용되고 있는 실정이다.

### 세대생략증여의 장점

- 재산이전 과정을 2번에서 1번으로 단축함으로써 취득세 절감됨.
- 증여재산은 증여시점에서 평가하므로 조부의 상속세 절감 가능함.
- 손자는 상속인이 아니므로 상속세 계산시 증여 후 5년 이후에 상속이 개시되면 합산대상에서 제외 가능함.
- 조부 → 父, 父 → 子의 재산이전으로 인한 세금(상속세/증여세) 보다 할증과세가 저렴할 수 있음.
- 손자에게 조부 사망 전 1년 이전 증여는 유류분 계산에서 제외됨.

### 사례 보기

할아버지가 예금 1억원을 父에게 증여하고 또다시 父가 子에게 재차증여를 한 경우와 할아버지가 손자에게 증여하였을 경우 증여세는?

단위: 천원

| 구분 | 두 번 증여하는 경우 | | | 세대생략증여 |
|---|---|---|---|---|
| | 조부 → 父 | 父 → 子 | 계 | 조부 → 子 |
| 증여재산가액 | 100,000 | 100,000 | 200,000 | 100,000 |
| 재차증여합산 | - | - | - | - |
| 증여재산공제 | 50,000 | 50,000 | 100,000 | 50,000 |
| 과세표준 | 50,000 | 50,000 | 100,000 | 50,000 |
| 세율 | 10% | 10% | | 10% |
| 산출세액 | 5,000 | 5,000 | 10,000 | 5,000 |
| 세대생략할증과세액 | | | - | 1,500 |
| 납부세액공제 | 5,000 | 5,000 | 10,000 | 6,500 |

# PART 3

# 증여절세
# Point
# 이해하기 Ⅰ
## 부동산 편

## 01 부동산 증여시 알아야 할 사항

*증여 전 부동산 증여로 인한 세금효과를 먼저 따져 봐야*

　한국의 가계자산에서 부동산이 차지하는 비중은 대략 70% 정도로 부동산은 단연 재테크 수단으로 최선호 자산이다. 한편 증여에 있어서도 부동산은 인기 자산으로 2017년 국세청의 결정금액 기준으로 증여한 부동산은 대략 13.4조원 정도로 전체 증여재산 중 약 54.5%의 비중을 차지하고 있다.

〈증여재산종류별 결정현황(2017)〉

| 구분 | 계 | 토지 | 건물 | 유가증권 | 금융자산 | 기타재산 |
|---|---|---|---|---|---|---|
| 결정인원(명) | 146,337 | 54,021 | 33,043 | 17,549 | 40,632 | 13,539 |
| 결정금액(조원) | 24.5 | 8.0 | 5.4 | 4.1 | 5.3 | 1.7 |
| 1인당 평균액(백만원) | 167.6 | 147.9 | 162.3 | 234.8 | 130.5 | 129.0 |
| 비중(결정금액) | 100.0% | 32.6% | 21.9% | 16.8% | 21.6% | 7.1% |

* 국세청 국세통계/결정건수 중 과세미달자는 제외하고 증여세 결정건수를 기준.

### 취득·보유·처분단계 세금 달라져

　부동산을 증여받으면 증여받는 자는 증여세를 납부하여야 하고 취득세도 납부하여야 한다. 한편 부동산을 증여하면 보유단계에서 부과되는 재산세나 종합부동산, 그리고 수익용 부동산의 임대로 인한 종합소득세에 영향을 주어 증여자는 세부담이 줄게 되고 증여받는 자는 반대로 세부담이 증가하게 된다. 더 나아가 증여로 인하여 증여받은 재산을 추후에 양도하거나 상속할 때 증여자와 수증자가 부담하여야 할 세금이 증여 이전과 비교하여 달라진다.

## 부동산 유형별로 세금효과는 달라

부동산 증여시 증여물건이 상가 또는 오피스, 주택, 오피스텔, 농지 또는 임야, 아니면 나대지인지에 따라 취득 · 보유 · 처분단계에서의 세금효과가 각각 다르다.

### 부동산 증여시 알아야 할 사항

- 부동산 증여시 수증자는 취득세를 부담하여야 한다.
- 일정이상 금액의 부동산을 증여하면 수증자는 증여세를 부담한다.
- 증여재산 평가는 시가원칙이지만 실제 평가시 부동산마다 다르다.
- 증여로 재산세와 종부세 부담은 증여자는 줄고 수증자는 증가한다.
- 증여 후 10년 내 상속이 발생하면 증여가액을 상속세에서 합산한다.
- 증여 후 5년 이내에 증여재산을 처분하면 불이익을 당할 수 있다.
- 상가나 오피스 증여하면 종합소득세와 4대보험에 영향을 미친다.
- 주택 증여시 종합부동산세와 1세대1주택 비과세와 다주택자 중과세에 미치는 영향을 면밀히 검토해야 한다.
- 오피스텔 증여시 주거용인지 업무용인지에 따라 세금효과가 다르다.

- 농지 증여시 취득자격 증명절차가 필요하며 8년 이상 자경농지를 증여받으면 양도시 비사업용토지로 보지 않는다.
- 부동산의 증여계약일로부터 60일 내에 등기 신청하여야 한다.

## 02 부동산 증여로 달라지는 세금은?

*취득 · 보유 · 처분단계에서 각각 세금에 영향을 줘*

부동산 증여로 증여받는 자와 증여자가 취득 · 보유 · 처분단계에서 고려해야 할 세금은 어떤 것이 있을까?

### 취득단계의 세금

#### • 취득세 과세

부동산을 증여받은 자는 부동산 취득에 따른 취득세를 납부하여야 한다. 부담할 취득세는 지방세법상 시가표준액에 취득세율을 곱하여 계산하며, 이 경우 적용되는 취득세율은 원칙적으로 4%(지방교육세와 농어촌특별세 포함)이다. 다만 배우자나 직계존비속 간의 부담부증여의 경우 객관적으로 입증된 채무 부분은 양도로 보아 매매에 해당하는 취득세율(1.1%~4.6%)을 적용하고, 나머지 순수 증여분은 증여에 해당하는 취득세율(4%)을 적용한다.

#### • 증여세 과세

일정 금액 이상의 부동산 증여시 증여받는 자는 증여세를 납부하여야 한다. 이 경우 해당 증여일 전 10년 이내에 동일인(증여자가 직계존속인 경우 그 직계존속의 배우자를 포함)으로부터 받은 증여재산가액을 합친 금액이 1천만원 이상인 경우에는 그 가액을 증여세 과세가액에 합산하여 과세한다.

## 보유단계의 세금

### • 재산세 과세

매년 6월1일 현재 토지나 건축물, 주택을 사실상 소유하고 있는 자는 재산세를 납부할 의무가 있다. 토지는 사용용도 · 입지지역 · 기준면적 초과여부 · 사용목적 등에 따라 종합합산과세대상 · 별도합산과세대상 · 분리과세대상 등 3가지로 나누어 과세한다. 이 중에서 종합합산 · 별도합산과세대상은 지자체별 · 과세대상별로 나누어 합산과세를 하고, 분리과세대상은 과세물건별로 과세한다. 한편 건축물과 주택은 과세물건 단위별로 나누어 각각 과세한다.

### • 종합부동산세 과세

매년 6월1일 현재 주택 또는 토지(분리과세대상토지 제외)를 국내에 일정 금액 이상을 소유한 경우 종합부동산세를 납부할 의무가 있다. 즉 일정 금액 이상의 주택과 종합합산과세대상과 별도합산과세대상 토지에 대해서 과세하나 주택이 아닌 건축물과 분리과세대상 토지는 과세대상이 아니다.

## 처분단계의 세금

### • 양도소득세 과세

부동산을 증여받은 이후에 증여받은 자가 증여받은 재산을 양도함으로써 양도소득세 계산하는 경우에 양도가액에서 증여 당시 증여가액을 취득가액으로 하여 이를 차감한 금액에 양도소득세율을 곱하여 계산한다. 그러나 양도일부터 소급하여 5년 이내에 그 배우자 또는 직계존비속으로부터 증여받은 재산의 경우 취득가액은 그 배우자 또는 는 직계존비속의 취득 당시 취득금액으로 한다.

### • 상속세 과세

상속세 계산시 상속개시일 전 10년 이내에 피상속인이 상속인에게 생전 증여하였거나 5년 이내에 피상속인이 상속인이 아닌 자에게 생전 증여하였다면 그 사전증여금액은 상속재산가액에 합산하여 계산하여야 한다.

| 구분 | 취득단계 | 보유단계 | 처분단계 |
|---|---|---|---|
| 일반 부동산 | 취득세<br>증여세 | 재산세<br>종합부동산세 | 양도소득세<br>증여세<br>상속세 |
| 임대용 부동산 | 취득세<br>증여세<br>부가가치세 | 재산세<br>종합부동산세<br>종합소득세<br>부가가치세 | 양도소득세<br>증여세<br>상속세<br>부가가치세 |

## 증여자·수증자의 세금 변화

부동산을 증여하면 증여자는 보유단계에서 부과된 재산세나 종합부동산세, 수익용 부동산임대로 인한 종합소득세는 감소한다. 아울러 증여자가 증여 이후 10년 이상 생존한다면 상속세는 감소되며 양도시 양도소득세 부담이 소멸된다. 반면에 수증자는 취득단계에서 취득세나 증여세가 새로 발생하거나 증가될 수 있고, 보유단계에서 부담하는 재산세나 종합부동산세, 수익용 부동산임대로 인하여 종합소득세가 증가하며, 양도 또는 상속단계에서 부담하는 양도소득세나 상속세는 증가한다.

〈부동산 증여로 인한 증여전후 세금의 변화〉

| 구분 | 세목 | 증여로 인한 세금효과 | |
| --- | --- | --- | --- |
| | | 증여자 | 수증자 |
| 취득 단계 | 취득세 | - | 발생 |
| | 증여세 | - | 발생 또는 증가 가능[주1] |
| 보유 단계 | 재산세 | 감소 | 증가 |
| | 종합부동산세 | 감소 | 증가 |
| | 종합소득세 | 감소[주2] | 증가 |
| | 사회보험료 | 감소 | 증가 |
| 처분 단계 | 양도소득세 | 소멸 | 발생[주3] |
| | 상속세 | 감소 가능[주4] | 증가[주5] |

주1) 증여일 전 10년 이내에 동일인(증여자가 직계존속인 경우에는 그 직계존속의 배우자를 포함)으로부

터 받은 증여재산가액은 증여세 계산시 합산함. 따라서 당해 증여로 인하여 이미 동일인으로부터 10년 이내 증여가 있는 경우라면 합산과세 됨.

주2) 수익용부동산의 경우 증여로 인하여 임대소득이 감소함.

주3) 단 양도일부터 소급하여 5년 이내에 그 배우자나 직계존비속으로부터 증여받은 경우 양도세 계산시 취득가액은 그 배우자 또는 직계존비속의 취득가액에 의함.

주4) 상속개시일 전 10년 이내에 피상속인이 상속인에게 증여한 재산가액이나 5년 이내에 상속인이 아닌 자에게 증여한 재산가액은 상속세 계산시 가산함. 즉 증여자가 증여 후 10년 이후 사망시 상속재산에서 제외되며, 증여자가 증여 후 10년 이내 사망시는 상속재산에 포함되나 상속재산 평가는 증여 당시 가액으로 평가하므로 증여재산 평가가액이 상속시점에서 증여시점보다 상승(하락)하면 감소(증가)하는 효과가 있음.

주5) 증여재산은 수증자의 상속재산을 구성함.

**증여재산평가!
부동산 종류별로 다르다**

*시가평가 원칙이나 수익가치 · 담보가치와 비교평가 하기도*

증여재산은 원칙적으로 증여일 현재의 시가(時價)에 의하여 평가하지만 시가를 산정하기 어려운 경우에는 보충적 평가방법으로 평가한 가액에 의한다. 이에 증여한 부동산의 평가는 시가로 보는 가액이 있는지 여부, 증여재산에 담보가 설정되어 있는지 여부, 증여부동산을 임대용으로 사용하고 있는지 여부에 따라 각각 부동산마다 다르게 평가되고 있다. 증여재산 평가는 증여세 계산에서뿐만 아니라 증여재산 양도시 취득가액이 되므로 추후 양도소득세에도 영향을 준다.

## 증여부동산 평가는 어떻게 하나?

### · 시가평가 원칙

시가로 인정되는 가액이란 증여재산 또는 증여재산과 유사한 재산에 증여일 전 6개월부터 평가기준일 이후 3개월 이내의 기간 중 매매가액이나 감정가액이 있는 경우에 그 가액을 말한다. 아울러 증여일 전후 6개월 이내의 기간이 아니더라도 증여일 이전 2년 이내의 기간 또는 증여세 신고기한 마감일로부터 6개월 이내 기간에 매매 등이 있는 경우 납세자나 세무서장 등이 신청이 있는 경우 평가심의위원회의 심의를 거쳐 매매 등의 가액을 포함시킬 수 있다.

· **매매 · 감정가액이 없는 경우 평가방법은?**

실무적으로는 증여재산을 평가시 시가가 있는 경우가 아파트 등을 제외하고는 그리 많지 않다. 만일 증여재산을 시가로 평가하기 어려운 경우라면 보충적 평가방법에 의하여 평가하여야 하는데 그 대표적인 예가 토지의 경우 개별공시지가와 아파트의 경우 공동주택가격이다.

| 평가대상재산 | | | 보충적 평가방법에 의한 평가금액 |
|---|---|---|---|
| 부동산 | 주택 | 공동주택 | 공동주택가격 |
| | | 개별주택 | 개별주택가격 |
| | 일반상가 · 사무실 | | 토지:개별공시지가, 건물:건물 기준시가 |
| | 오피스텔 | | 일괄고시가격 |
| | 토지 | | 개별공시지가 |

**참고** **공시지가나 주택고시가격이 상승하면?**

공시지가나 주택고시가액이 오르면 재산세나 종합부동산세 등의 보유세보다 증가규모가 훨씬 큰 증여세나 상속세를 더 걱정해야 한다.

| 취득단계 | 보유단계 | 처분단계 |
|---|---|---|
| 취득세 ⇑ | 재산세 ⇑ | 상속세 ⇑ |
| 증여세 ⇑[주1] | 종합부동산세 ⇑ | 양도소득세 ⇒[주2] |
| 부가가치세 ⇒ | 종합소득세 ⇒ | 증여세 ⇑ |
| | 부가가치세 ⇒ | 부가가치세 ⇒ |

### • 담보대출이 있다면 대출금액 이상으로 평가한다

만일 증여부동산을 담보로 근저당권을 설정하고 대출을 받은 경우라면 이러한 일반적인 재산평가규정에도 불구하고 부동산이 담보하는 채권액, 즉 대출금액과 시가 또는 보충적 평가방법으로 평가한 금액에 따라 평가한 가액 중 큰 금액을 그 재산의 가액으로 평가한다.

### • 임대부동산! 수익가치와 추가비교 한다

증여일 현재 사실상 임대차계약이 체결되거나 임차권이 등기된 재산 중 부동산 등의 재산평가는 시가평가가 원칙이다. 만일 시가를 산정하기 어려운 경우에는 보충적 평가방법에 따라 평가한 가액으로 평가하되 임대료 등 환산가액이 보충적 평가방법에 따라 평가한 가액보다 큰 경우라면 임대료 등 환산가액으로 평가한다.

## 주택을 증여한다면

주택을 증여하는 경우 매매가액이나 감정가액 등의 시가로 평가하지만 실무적으로 시가로 보는 매매가액 등이 존재하는지는 아파트냐 단독주택이냐에 따라 각각 다르다.

## • 아파트의 경우

아파트의 경우 일반적으로 국토교통부의 실거래가 공개시스템 (http://rt.molit.go.kr)을 통하여 증여재산과 유사한 아파트의 거래가 액의 확인이 가능하므로 이를 시가로 보아 평가하는 것이 일반적이다. 만일 증여하는 아파트에 시가로 보는 거래가액이 존재하지 않는다면 매년 4월30일까지 시·군·구청장이 고시하는 공동주택가격에 의하여 평가한다. 한편 공동주택가격은 국토교통부의 부동산 공시가격 알리미 (https://www.realtyprice.kr)을 통하여 확인 가능하다.

## • 단독주택 · 다세대주택의 경우

단독주택이나 다가구주택 다세대주택의 경우는 매매가액 등의 시가가 존재하는 경우가 흔치 않아 보충적평가방법인 개별주택가격으로 평가된다. 만일 단독주택 등에 감정평가가액이 존재한다면 감정평가가액을 우선하여 적용한다. 한편 개별주택가격은 국토교통부 부동산 공시가격 알리미(https://www.realtyprice.kr)를 통하여 확인 가능하다.

## • 겸용주택의 경우

예를 들어 1층부터 3층은 상가이고 4층은 주택인 경우 4층 주택분에 대한 개별주택가격만 고시한다. 따라서 겸용주택을 보충적 평가방법에 의하여 평가한다면 4층의 주택 부분에 해당하는 부분은 개별주택가격으로 평가하고, 1층에서 3층 부분의 상가 부분에 대하여 상가분 해당 토지는 시·군·구청장이 고시하는 개별공시지가로, 상가분 해당 건물은 국세청장이 고시하는 건물기준시가에 의하여 평가한다.

### • 신축주택의 경우

직접 신축한 주택이나 신축 중인 주택을 증여하는 경우 신축주택에 소요된 건설비용은 시가로 볼 수 있다. 따라서 신축시점이 증여일로부터 6개월 이전이거나 증여일 이후 3개월 이전이라면 신축가액으로 증여재산을 평가하여야 한다. 아울러 신축시점이 증여일 이전 2년 이내의 기간 또는 증여세 신고기한 마감일로부터 6개월 이내 기간인 경우 평가심의위원회의 심의를 거쳐 신축가액을 포함시킬 수 있다.

**사례 보기**

Q. 단독주택을 개별주택가격으로 평가하려 하는데 주택의 토지평가액이 개별주택가격보다 큰 경우에 어떻게 평가하는지요?

A. 토지분 공시지가가 개별공시지가보다 크다 할지라도 개별주택가격으로 평가한다.

## 상가를 증여한다면

### • 시가가 없는 경우가 많아

상가를 증여하는 경우 매매가액이나 감정가액 등의 시가가 존재하는 경우가 흔치 않아 보통의 경우에는 보충적 평가방법으로 평가된다. 즉 상가의 토지와 건물분을 합하여 평가하되, 토지는 개별공시지가에 의해 평가하고 건물분은 매년 말에 국세청장이 고시하는 건물 기준시가에 의하여 평가한다. 한편 개별공시지가는 국토교통부 부동산 공시가격 알리미(https://www.realtyprice.kr)를 통하여 확인 가능하며, 국세청장이 고시하는 건물 기준시가는 국세청 홈택스를 통하여 확인 가능하다. 한편 비거주용 부동산 중 대형 오피스 등 상업용 건물에 대해서는 매년 12월 말에 일괄하여 고시하는 가액으로 평가하기 때문에 실거래가 반영률이 비교적 높은 반면에 일반 상가의 경우는 보충적 평가방법에 의하여 평가하다 보니 시가를 반영하지 못하는 것을 보완하기 위하여 일정 가격 수준 이상의 고가빌딩(이른바 '꼬마빌딩')의 경우는 보충적 평가방법이 아닌 감정평가를 하여 산정한 가액으로 증여재산을 평가하는 것을 입법화 과정에 있으니 이를 참조하기 바란다.

### • 수익가치와 비교평가함

증여일 현재 임대차계약이 체결된 상가를 보충적 평가방법에 의하여 평가하는 경우 임대료 등 환산가액이 보충적 평가방법에 따라 평가한 가액이 보다 큰 경우라면 보충적 평가방법이 아닌 임대료 등 환산가액으로 평가한다. 이에 대한 내용은 〈Part 2 증여세 이해하기의 재산평가〉를 참조 바란다.

## 토지를 증여한다면

농지나 임야 또는 나대지 등의 토지를 증여하는 경우에도 매매가액이나 감정가액 등의 시가가 존재하는 경우가 흔치 않아 대개의 경우에는 보충적 평가방법, 즉 개별공시지가에 의하여 평가된다. 개별공시지가는 시·군·구청장이 매년 5월 31일까지 고시하는데, 이를 국토교통부 부동산 공시가격 알리미(https://www.realtyprice.kr)를 통하여 확인 가능하다.

## 오피스텔을 증여한다면

오피스텔을 증여한다면 증여한 오피스텔에 매매가액이나 감정가액 등의 시가로 보는 금액이 있다면 시가를 우선 적용하여 평가하고, 만일 시가로 보는 금액이 없다면 주거용이든지 업무용이든지 따지지 않고 매년 12월 말에 국세청장이 일괄 고시하는 오피스텔 및 상업용 건물 기준시가에 의하여 평가한다. 오피스텔의 경우에도 앞에서 설명한 담보대출이 있는 경우 대출금액 이상으로 평가하는 규정과 임대부동산의 경우 수익가치와 비교평가 하는 규정도 물론 적용된다. 한편 국세청장이 일괄 고시하는 오피스텔 기준시가는 국세청 홈택스(www.hometax.go.kr)를 통하여 확인 가능하다.

〈부동산 증여시 보충적 평가방법〉

| 구분 | 기준시가 | 고시일 | 고시기관 | 확인방법 |
|------|---------|--------|---------|---------|
| 토지 | 개별공시지가 | 매년 5월 말 | 시·군·구청장 | 부동산공시가격알리미 |

| 구분 | 기준시가 | 고시일 | 고시기관 | 확인방법 |
|------|---------|--------|---------|---------|
| 상가 | 건물기준시가 | 매년 12월 말 | 국세청장 | 국세청 홈택스 |
| 오피스텔 | 오피스텔 및 상업용 건물의 기준시가 | 매년 12월 말 | 국세청장 | 국세청 홈택스 |
| 주택 | 공동주택가격(아파트·연립·다세대) | 매년 4월 말 | 국토교통부장관 | 부동산공시가격알리미 |
| | 개별주택가격(단독·다가구포함) | 매년 4월 말 | 시·군·구청장 | 부동산공시가격알리미 |

# 시가반영률은 아파트 〉 오피스텔 〉 단독주택·상가 〉 토지순

## • 시가보다 낮은 평가가액이 많아

증여재산 평가는 원칙적으로 시가평가를 원칙으로 하지만 현실적으로 보면 시가로 보는 가액이 존재하지 않는다든지, 토지나 상가처럼 증여재산이 개별적 특성이 강해 유사매매가액을 적용하기가 힘든 경우라든지 등의 이유로 실제 거래가보다 낮은 가액으로 평가되는 경우가 많다. 일반적으로 평가금액의 시가반영률을 증여재산별로 살펴보면 아파트와 오피스텔은 실거래가를 적극 반영하므로 시가반영률이 높은 반면에 단독·다세대·다가구주택이나 상가와 단순 토지 등은 거래가액이 많지 않아 시가반영률이 낮은 편이다.

## • 시가반영률이 낮으면 증여세 ↓, 양도소득세 ↑

증여재산의 평가에 있어서 시가반영률이 낮을수록 증여의 매력도는 증가한다. 시가보다 낮은 가액으로 증여함으로써 증여세는 시가를 반영한 경우에 비해 감소되며 증여와 동시에 수증자가 시가와 평가금액의 차이(미실현 평가이득)만큼에 대하여 수혜를 받을 수 있기 때문이다. 그러나 추후 증여재산을 양도하여 양도소득세를 계산할 때 증여재산 평가가액을 취득가액으로 보게 됨으로써 결과적으로 시가와 평가금액의 차이만큼 양도소득세에서 추가 과세되는 효과가 있다.

# 부동산 증여하면 취득세 얼마나 내나?

*부동산 증여시 시가표준액의 4%를 취득세로 납부하여야*

부동산 증여시 부담하여야 할 취득세는 지방세 시가표준액의 4%을 곱하여 계산한다. 다만 배우자나 직계존비속 간의 부담부증여의 경우 객관적으로 입증된 채무인수부분은 양도로 보아 매매에 해당하는 취득세율을 적용하고, 나머지 순수 증여분은 4%의 취득세율을 적용한다.

### 부동산 증여시 부담하는 취득세는?

부동산 증여시 신고·납부하여야 할 취득세는 지방세법상 시가표준액에 취득세율을 곱하여 계산한다.

부동산 증여시 취득세 = 지방세법상 시가표준액 × 취득세율

## 지방세법상 시가표준액이란?

　지방세법상 시가표준액이란 토지는 개별공시지가, 주택은 개별주택가격 또는 공동주택가격, 그 밖의 건축물은 지방세법상 건물기준시가를 말한다. 한편 증여로 인한 취득세는 증여세법상 증여물건의 감정가액이 존재하더라도 감정가액이 아닌 지방세법상 시가표준액을 기준으로 취득세를 계산한다.

**사례 보기**

Q. 시가표준액이 3억원인 부동산을 부담부증여로 취득하는 경우 부담부증여 계약서상으로 취득가액을 3억원으로 기재하였으나 전세계약서상 실제 전세보증금이 5억원인 경우 적용할 취득가액은 얼마인가?

A. 부담부분의 원인이 된 계약서 등 금액(5억원)이 있음에도 시가표준액(3억원)과 유사한 가액을 부담부증여 계약서상 취득가액(3억원)으로 기재한 경우 전세계약서 등의 입증할 수 있는 서류에 의하여 확인되는 금액(5억원)을 지방세법상 취득 당시의 가액으로 적용하여야 한다.

## 부동산 증여시 취득세율은 4%

### • 단순증여의 경우

　부동산 증여시 적용할 취득세율은 원칙적으로 4%(지방교육세와 농어촌특별세 포함)이다.

- **부담부증여의 경우**

　배우자 또는 직계존비속으로부터의 부담부증여로서 해당 부동산의 취득을 위하여 그 채무를 지급한 사실이 취득자의 소득금액, 소유재산을 처분 또는 담보금액, 상속 또는 수증재산의 가액으로 채무부담 능력을 입증되는 경우라면 그 채무액에 상당하는 부분은 부동산을 유상취득으로 보아 취득세율(주택 1.1~3.5%, 농지 1.6~3.4%, 기타의 경우는 4.6%)을 적용한다.

〈부담부증여시 적용할 취득세율〉

| 구분 | | | | 취득세 | 농특세 | 지방교육세 | 합계 |
|---|---|---|---|---|---|---|---|
| 증여 취득 | | | | 3.5% | 0.2% | 0.3% | 4% |
| 유상 취득 | 주택<sup>주1)</sup> | 6억 이하 | 85㎡ 이하 | 1% | | 0.1% | 1.1% |
| | | | 85㎡ 초과 | 1% | 0.2% | 0.1% | 1.3% |
| | | 6억~9억 이하 | 85㎡ 이하 | 2% | | 0.2% | 2.2% |
| | | | 85㎡ 초과 | 2% | 0.2% | 0.2% | 2.4% |
| | | 9억이상 | 85㎡ 이하 | 3% | | 0.3% | 3.3% |
| | | | 85㎡ 초과 | 3% | 0.2% | 0.3% | 3.5% |
| | 농지 | 2년 이상 자경 <sup>주2)</sup> | | 1.5% | | 0.1% | 1.6% |
| | | 2년 이상 자경 외 | | 3% | 0.2% | 0.2% | 3.4% |
| 기타(상가·사무실 등) | | | | 4% | 0.2% | 0.4% | 4.6% |

| 구분 | | 증여 부분 | 채무 부분 |
|---|---|---|---|
| 부담 부증여 | 주택의 경우 | 4% | 1.1~3.5% |
| | 농지의 경우 | 4% | 3.4%(2년 이상 자경 1.6%) |
| | 기타의 경우 | 4% | 4.6% |

\* 주1) 6억원 또는 9억원인 경우 보다 낮은 세율을 적용받기 위하여 거래가격을 허위신고 하는 사례(이른바 '문턱효과')가 있어 현행 1~3%의 적용세율을 백만원 단위로 보다 세분화하여 적용하는 방안으로 관련 세법을 개정할 예정에 있으니 이를 고려하여 적용하기 바람.
주2) 농업을 주업으로 하는 사람으로 2년 이상 영농에 종사한 사람 또는 후계농업경영인이 직접 경작할 목적으로 취득하는 농지를 말함.

Q. 아버지가 전세보증금 6,000만원의 단독주택을 대학생인 아들에게 부담부증여를 하면서 아들은 현재 소득이 없어 추후 아들이 전세보증금을 변제하기로 한 경우 전세보증금 부분을 유상취득으로 볼 수 있는지요?

A. 소득이 없는 아들이 전세보증금 채무를 인수하는 조건으로 부담부증여를 받았다 하더라도 부동산에 따른 취득자의 소득을 증명하지 못한다면 전세보증금은 증여에 해당하는 취득세율을 적용하여야 한다.

## • 부담부증여에 의한 주택의 지분취득인 경우

부담부증여시 주택의 취득세 세율은 주택가액에 따라 적용할 세율이 각각 다른데, 이 경우 취득지분의 가액에 따른 취득세율을 적용하는 것이 아니라 그 전체 가액에 따른 취득세율을 적용하고 지분율을 곱하여 계산하여야 한다.

## 취득세 신고 · 납부기한은?

증여로 인하여 부동산을 취득한 자는 그 취득한 날(토지거래허가구역에 있는 토지를 취득하는 경우로서 토지거래계약에 관한 허가를 받기 전에 거래대금을 완납한 경우에는 그 허가일)부터 60일 이내에 부동산 소재지 관할 지방자치단체에 취득세를 신고하고 납부하여야 한다. 이 기한 내에 신고납부하지 않으면 가산세가 추가된다.

아래와 같이 전세로 임대 중인 父 소유 아파트(32평)를 子에게 증여하는 경우의 취득세 등 부담액(지방교육세와 농어촌특별세 포함)은?

- 아파트 공동주택가격: 7.5억원
- 아파트 감정평가가격: 8억원
- 임차보증금: 5억원

### 해설

**1. 순수증여의 경우**

아파트공동주택가격(7.5억원) × 취득세율(4%) = 30,000천원

**2. 부담부증여의 경우**

1) 子의 채무부담능력이 입증되지 않는 경우: 전체를 증여로 봄

공동주택가격(7.5억원) × 취득세율(4%) = 30,000천원

2) 子의 채무부담능력이 입증되는 경우: 채무 부분은 양도로 봄

부담할 취득세 합계: ①+② = 21,000천원

① 증여 부분: 공동주택가격(2.5억원) × 취득세율(4%) = 10,000천원

② 채무 부분: 입증된 채무 부분(5억원) × 취득세율(2.2%) = 11,000천원

## 05 증여하면 재산세나 종부세가 줄어들까?

*자녀에게 주택 증여하면 종부세 부담은 줄어들 수 있어*

　부동산을 보유하면 재산 소유자에게 재산세와 종합부동산세가 부과된다. 그런데 최근 몇 년 사이에 재산세나 종합부동산세의 과세근거가 되는 부동산 가격이 오르고 과세방법상 과세기준을 강화함으로써 재산세와 종합부동산세의 부동산 보유로 인한 세금부담이 증가하고 있다. 과연 부모 소유의 부동산을 자녀에게 증여하면 보유세 부담은 얼마나 감소할까?

### 재산세는 어떻게 부과되나?

#### • 재산세 과세대상

　매년 6월 1일 현재 토지나 건축물, 주택을 사실상 소유하고 있는 자는 재산세를 납부할 의무가 있다. 한편 토지는 사용용도 · 입지지역 · 기준면적 초과여부 · 사용목적 등에 따라 3가지 과세대상(종합합산 · 별도합산 · 분리)으로 나누고, 이 중 종합합산 · 별도합산과세대상은 지자체별 · 과세대상별로 합산하여 과세하고 분리과세대상은 과세물건별로 과세한다. 아울러 건축물과 주택은 과세물건 단위별로 각각 과세한다.

〈재산세 과세 시 토지과세구분〉

| 과세구분 | 과세대상 |
|---|---|
| 종합합산 과세대상 | • 나대지 등<br>• 임야 · 농지: 분리과세대상 이외의 경우<br>• 사무실 · 상가: 별도합산과세대상 이외의 경우<br>• 공장용지: 별도합산과세 · 분리과세 이외의 경우 |
| 별도합산 과세대상 | • 사무실 · 상가: 기준면적 이내의 경우<br>• 공장용지: 특별시 · 광역시 · 시지역의 읍면지역 · 산업단지 · 공업지역의 이외의 지역 중 기준면적 이내의 경우 |
| 분리과세대상 | ① 저율분리과세:<br>• 임야: 보호육성을 위해 법률로 지정된 임야 등<br>• 농지: 실제 영농에 사용하고 있는 농지 등<br>• 공장용지: 읍면지역 · 산업단지 · 공업지역의 기준면적 이내 경우 등<br>② 고율분리과세: 골프장용 · 고급오락장용 토지 |

\* 주) 분리과세대상 토지·건축물·주택은 과세물건별로 과세하나 합산과세대상 토지는 납세자가 소유하고 있는 해당 지방자치단체 관할구역에 있는 토지를 모두 합한 금액을 토대로 별도합산과세대상과 종합합산과세대상으로 나누어 과세함.

• **재산세 납부세액**

재산세 납부세액은 시가표준액에서 70%(주택은 60%)를 곱하여 계산한 금액에 세율을 적용하여 계산하되 직전 연도의 해당 재산 재산세의 150%을 초과하는 경우 재산세는 150%를 한도로 한다. 여기에서 시가표준액은 토지는 개별공시지가, 건축물은 지방세법상 건물시가표준액 토지 및 주택에 대한 시가표준액, 주택은 개별(공동)주택가격을 말한다.

## 재산세 납부세액: Max(①, ②)

① 시가표준액 × 공정시장가액비율(70%, 주택은 60%) × 세율
② 세부담상한액: 직전 연도 재산세 납부액 × 세부담상한율

| 구분 | 토지 | | | 건축물 | 주택 |
|---|---|---|---|---|---|
| | 종합합산 | 별도합산 | 분리과세 | | |
| 과세표준 | 시가표준액의 70% | | | | 시가표준액의 60% |
| 적용세율 | 0.2~0.5% | 0.2~0.4% | 0.2%(0.07%, 4%) | 0.25(0.5%, 4%) | 0.1~0.4%(4%) |
| 시가표준액 | 개별공시지가 | | | 건물시가표준액 | 공동·개별 주택가격 |
| 세부담 상한율 | 150% | | | | 105~130% |
| 납부기한 | 9.16.~9.30. | | | 7.16~7.31. | 1/2: 9.16.~9.30. 1/2: 7.16.~7.31. |

주1) 토지는 종합합산과세대상·별도합산과세대상·분리과세대상으로 분류하여 과세대상별로 나누어 과세하고, 건축물과 주택은 과세물건별로 각각 과세함.

주2) 적용세율
① 종합합산과세대상 토지: 과세표준 금액에 따라 0.2~0.5%의 초과누진세율 적용
② 별도합산과세대상 토지: 과세표준 금액에 따라 0.2~0.4%의 초과누진세율 적용
③ 분리과세대상 토지: 0.2%(단 전·답·과수원·목장용지 및 임야 등은 0.07% 저율분리과세하고 골프장 및 고급오락장용 토지는 4% 고율분리 과세함)
④ 건축물: 0.25%(단 시 지역 이상 공장은 0.5%, 골프장, 고급오락장용 건축물은 4%)
⑤ 주택: 과세표준 금액에 따라 0.1~0.4%의 초과누진세율 적용(단, 별장은 4%)

주3) 주택 세부담 상한: 재산세 산출세액이 직전 연도의 해당 재산 재산세에 다음의 세부담상한율을 곱한 금액을 한도로 함.
① 주택공시가격이 3억원 이하인 경우: 105%
② 주택공시가격이 3~6억원 이하인 경우: 110%
③ 주택공시가격이 6억원을 초과하는 경우: 130%

주4) 재산세와 별도로 재산세 도시지역분 재산세·지방교육세(20%)·소방시설 등에 대한 지역자원시설세가 부가되거나 별도로 과세됨.

# 종합부동산세는 어떻게 부과되나?

## • 종합부동산세 과세대상

매년 6월 1일 현재 주택 또는 토지(분리과세대상토지 제외)를 국내에 다음과 같은 일정 금액 이상을 소유한 경우 종합부동산세를 납부할 의무가 있다. 즉 일정 금액 이상의 주택과 종합합산과세대상 또는 별도합산과세대상 토지에 대해서 과세하며 주택이 아닌 건축물과 분리과세대상 토지는 종합부동산세 과세대상이 아니다. 한편 종합부동산세는 주택에 대한 종합부동산세와 종합합산과세대상인 토지에 대한 종합부동산세, 별도합산과세대상인 토지에 대한 종합부동산세를 개인별로 나누어 각각 계산하여 납부하여야 한다.

| 구분 | | 과세대상 | 과세기준점 | 과세방법 |
|---|---|---|---|---|
| 주택 | 1세대1주택+단독소유 | 해당 | 9억원 | 개인별 주택합산과세 |
| | 기타의 경우 | | 6억원 | |
| 토지 | 종합합산과세대상 | 해당 | 5억원 | 개인 종합합산토지 합산과세 |
| | 별도합산과세대상 | 해당 | 80억원 | 개인별 별도합산토지 합산과세 |
| | 분리과세대상 | - | - | |
| | 건축물 | - | - | |

주1) 부부 공동소유 주택의 경우 부부가 각각 6억까지 과세되지 않으므로 부부가 50%씩 소유한 경우라면 주택가격이 12억원까지 종부세가 과세되지 않음. 반면에 단독소유 주택의 경우는 1세대1주택이면서 단독소유라면 9억원, 기타의 경우 6억원까지 종합부동산세가 과세되지 않음.
주2) 재산세의 경우 토지·건축물·주택을 대상으로 분리과세대상 토지·건축물·주택은 과세물건별로 과세하고 합산과세대상 토지는 지방자치단체 관할구역에 있는 토지를 모두 합한 금액을 토대로 별도합산과세대상과 종합합산과세대상으로 나누어 과세하는 반면에, 종합부동산세는 주택과 전국에 있는 토지 중 분리과세대상을 제외한 종합합산·별도합산대상 토지를 대상으로 인별로 합산하여 계산함.

## • 종합부동산세 납부세액

종합부동산세 납부세액은 공시가액에서 과세기준점을 차감한 금액에 공정시장가액비율(85~100%)를 곱하여 계산한 다음 그 금액에 세율을 적용하여 계산하되 직전 연도의 해당 재산의 재산세와 종합부동산세의 150%(주택은 150~300%)을 한도로 한다. 한편 6억원 이상 초과분에 대한 재산세 상당액과 60세 이상의 1세대1주택 소유자 또는 5년 이상 보유한 1세대1주택 소유자는 산출세액의 최대 70% 범위 내에서 공제한다.

## 종합부동산세 납부세액: Max(①, ②)

① [공시가액- 과세기준점] × 공정시장가액비율(85~100%) × 세율 - 과세기준점 초과분 재산세 - 세액공제(1세대1주택자 고령자·장기보유자 세액공제)

② 세부담상한액: 직전 연도 재산세와 종부세 납부액 × 세부담상한율

주1) 공정시장가액비율: 2019년 85%, 2020년 90%, 2021년 95%, 2022년 이후 100%
주2) 세액공제액: Max(①+②, ③)
① 고령자 세액공제: 만 60~65세 10%, 65~70세 20%, 70세 이상 30%
② 장기보유자 세액공제: 5~10년 보유 20%, 10~15년 보유 40%, 15년 이상 보유 50%
③ 세액공제 한도액: 세액공제 전 세액 × 70%
주3) 세액공제는 1세대1주택이면서 단독 소유한 경우에만 적용하는 것으로 만일 부부가 공동소유하면서 1세대1주택인 경우라면 세액공제를 적용하지 않음.

| 구분 | 토지 | | 주택 |
|---|---|---|---|
| | 종합합산 | 별도합산 | |
| 공시가액 | 개별공시지가 | | 공동·개별주택가격 |
| 적용세율 | 1~3% | 0.5~0.7% | 3주택이상·조정대상지역내 2주택 소유: 0.6~3.2% |
| | | | 1주택·조정대상지역 1채+기타지역 소유: 0.5~2.7% |
| 세부담 상한율 | 150% | | 150~300% |
| 신고·납부기한 | 12.1.~12.15. | | |

주1) 종합합산과세대상 토지 또는 별도합산과세대상 토지는 재산세 과세 분류기준에 의함.
주2) 적용세율
① 종합합산과세대상 토지: 과세표준 금액에 따라 1~3%의 초과누진세율 적용
② 별도합산과세대상 토지: 과세표준 금액에 따라 0.5~0.7%의 초과누진세율 적용
③ 주택을 3주택 이상 또는 조정대상지역 내 2주택을 소유한 경우: 과세표준 금액에 따라 0.6~3.2%의 초과누진세율 적용
④ 주택을 2개 이하 소유한 경우(조정대상지역 내 2주택을 소유한 경우 제외): 과세표준 금액에 따라 0.5~2.7%의 초과누진세율 적용
주3) 주택 세부담 상한: 주택분 재산세와 종합부동산세 상당액(주택에 대한 총세액상당액)이 직전 연도에 해당 주택에 부과된 주택에 대한 총세액상당액에 다음의 세부담상한율을 곱한 금액을 한도로 함.
① 3주택 이상 소유: 300%
② 조정대상지역에 2주택 소유: 200%

③ 기타의 경우: 150%
주4) 종합부동산세에 부가되는 지방소득세(10%)·농어촌특별세(20%)는 별도임.
주5) 조정대상지역: 서울시 전역, 경기도 과천시·광명시·성남시·고양시·남양주시·하남시·동탄2택지개발지구·구리시·안양시 동안구·광교택지개발지구·수원시 팔달구·용인시 수지구·용인시 기흥구, 부산 해운대구·수영구·동래구, 세종특별자치시

## • 합산배제임대주택

매입임대주택 중 8년 이상 장기일반민간임대주택으로 임대개시일 또는 합산배제신고를 한 연도의 공시가격이 6억원(수도권 밖의 지역인 경우에는 3억원) 이하이고 조정대상지역외에 있는 주택은 종합부동산세 과세대상주택으로 보지 않는다. 아울러 2018년 3월 31일 이전에 임대차등록과 사업자등록을 한 5년 이상의 단기 민간매입주택도 종합부동산세 과세대상주택으로 보지 않는다. 다만 주택을 보유한 자가 합산배제 임대주택의 규정을 적용받으려면 임대주택 합산배제 신고를 하여야 하나 최초 합산배제 신고 이후 변동이 없는 경우에는 매년 신고할 필요는 없다.


# 증여하면 과연 보유세가 줄어들까?


## • 토지의 경우

부모 소유의 종합합산 과세대상 토지 또는 별도합산 과세대상 토지를 자녀에게 증여하는 경우 적용세율이 초과누진세율 구조라는 점, 종합부동산세의 경우 개인별로 과세기준점(종합합산과세대상 토지는 5억원 또는 별도합산과세대상 토지는 80억원) 이하인 경우 과세되지 않는

점을 고려하면 토지의 증여로 인한 재산세나 종합부동산의 절세는 가능하다. 단 분리과세대상 토지는 단일세율이고 종합부동산세의 과세대상이 아니므로 증여로 인한 절세효과는 없다.

• **상가·오피스텔의 경우**

부모 소유의 상가나 오피스텔을 자녀에게 증여하는 경우 적용세율이 초과누진세율 구조라는 점, 종합부동산세의 경우 개인별로 과세기준점(별도합산과세대상 토지는 80억원) 이하인 경우 과세되지 않는 점을 고려하면 상가나 오피스텔의 증여로 인한 재산세나 종합부동산의 절세는 가능하다. 단, 건축물은 종합부동산세의 과세대상이 아니므로 증여로 인한 종합부동산세의 절세효과는 없다.

• **주택의 경우**

부모 소유의 주택을 자녀에게 증여하는 경우 적용세율이 초과누진세율 구조라는 점, 종합부동산세의 경우 개인별로 6억원의 과세기준점(1세대1주택이면서 단독소유라면 9억원) 이하인 경우 과세되지 않고 소유 주택 수에 따라 세부담 상한이 달라진다는 점 등을 고려하면 주택 증여로 인한 재산세나 종합부동산의 절세는 가능하다. 반면에 부모가 60세 이상의 1세대1주택 소유자이거나 5년 이상 보유한 1세대1주택 소유자이면 최대 70%의 금액을 산출세액에서 공제가 가능한데, 증여로 인하여 해당 공제가 불가능한 경우가 발생하면 종합부동산세의 절세효과가 감소할 가능성은 있다.

## ⑥ 증여로 상속세는 얼마나 줄까?

*사전증여로 인한 상속세 절감액은 상속시점에 따라 달라져*

상속개시일 전 10년 이내에 피상속인이 상속인에게 생전에 증여하였거나 5년 이내에 피상속인이 상속인이 아닌 자에게 생전에 증여하였다면 피상속인의 상속세 계산과정에서 그 사전증여금액은 상속재산가액에 합산하여 계산하여야 한다.

## 10년 이내 사전증여재산은 상속세 과세함

### • 합산대상인 사전증여재산

상속세 계산시 합산대상인 사전증여재산의 범위는 생전에 증여받은 자가 누구인지와 증여시기가 언제인지에 따라 다르다.

| 구분 | 5년 내 사전증여 | 10년 내 사전증여 | 10년 이후 사전증여 |
|---|---|---|---|
| 상속인(배우자·자녀) | 합산 ○ | 합산 ○ | 합산× |
| 기타(손자·며느리·제3자) | 합산 ○ | 합산× | 합산× |

- **합산과세가액 = 증여 당시가액**

상속세에 합산하는 증여재산가액은 증여 당시 현황에 의하며 상속개시시점에 다시 평가하지 아니하므로 사전증여한 후의 가치증가분은 상속재산가액으로 포함되지 않는다.

- **기납부한 증여세액은 공제**

상속세 계산시 사전증여를 한 재산가액이 있는 경우 이중과세 방지를 위하여 상속재산에 가산한 증여재산에 대한 증여세액은 상속세에서 공제한다.


## 증여하면 상속세는 얼마나 줄까?

- **사전증여로 인한 상속세 절감액**

자녀나 배우자에게 상속 이전에 증여하면 증여 이후의 증여재산의 가치 상승분과 운용수익은 수증자에게 귀속된다. 한편 상속세 계산시 증여일로부터 10년 이상 생존한다면 상속시 사전증여재산가액은 합산되지 않고 증여일로부터 10년 이내에 상속한다면 합산된다. 따라서 사전증여로 인한 상속세 절세금액은 다음의 산식과 같으며 사전증여로 인한 상속세 과세가액의 감소액은 상속시점에 따라 그 금액이 달라진다.

### 사전증여로 인한 상속세 절세금액

[상속시 상속세 과세가액 + 사전증여로 인한 상속세 과세가액 감소액 - 상속공제액] × 세율-[상속 당시 상속세 과세가액 - 상속공제액] × 세율

| 구분 | 사전증여로 인한 상속세 과세가액 감소액 |
|---|---|
| 증여 후 10년 이후 상속하면 | 증여 당시 증여재산가액 + 증여 후 증여재산의 가치상승분 + 증여 이후 증여재산에서 발생하는 운용소득 합계액 |
| 증여 후 10년 이내 상속하면 | 증여 후 증여재산의 가치상승분 + 증여 이후 증여재산에서 발생하는 운용소득 합계액 |

### • 증여 = 효도플랜! 증여 후 오래 살수록 상속세↓

상속세 계산시 상속 당시 자녀와 배우자가 있는 경우라면 최소 10억원, 자녀만 있고 배우자가 없는 경우라도 최소 5억원의 상속공제가 허용된다. 따라서 사전증여로 인한 상속세 절감액을 산정함에 있어서 상속 당시 상속세 과세가액과 사전증여로 인한 상속세 과세가액의 합계액이 상속공제금액에 미달한다면 상속세 부담은 0이므로 이 경우라면 사전증여로 인한 상속세 절감효과는 없다. 반면에 상속 당시 상속세 과세가액과 사전증여로 인한 상속세 과세가액의 합계액이 상속공제금액에 초과한다면 사전증여로 인한 상속세 절감효과는 사전증여의 전후에 세율의 차이만큼 발생한다.

10억원 상당의 父 상가를 子에게 증여하는 경우의 상속세 절감금액은?
- 상속 당시 父 상속재산 예상액: 20억원(증여상가는 제외한 금액임)
- 증여 당시 상가 평가액: 5억원
- 증여 이후 상가 가치 상승액: 5천만원
- 증여 이후 상속시까지 총 예상 임대소득금액: 1억원
- 상속 당시에 母 생존 예상되며 상속재산은 子에게 전액 상속예정임

### 해설

**1. 상속시점이 증여 후 10년 이후인 경우**

① 사전증여로 인한 상속세 과세가액 감소액

증여 당시 증여재산가액(5억원)+증여 후 증여재산의 가치상승분(5천만원)+증여 이후 증여재산에서 발생하는 운용소득 합계액(1억원)=6.5억원

② 사전증여로 인한 상속세 절세금액

[상속시 상속세 과세가액(20억원) + 사전증여로 인한 상속세 과세가액 감소액(6.5억원) - 상속공제액(10억원)] × 세율 - [상속시 상속세 과세가액(20억원) - 상속공제액(10억원)] × 세율 = 3.65억원

**2. 상속시점이 증여 후 10년 이내인 경우**

① 사전증여로 인한 상속세 과세가액 감소액

증여 후 증여재산의 가치상승분(5천만원) + 증여 이후 증여재산에서 발생하는 운용소득 합계액(1억원) = 1.5억원

② 사전증여로 인한 상속세 절세금액

[상속시 상속세 과세가액(20억원) + 사전증여로 인한 상속세 과세가액 감소액(1.5억원) - 상속공제액(10억원)] × 세율 - [상속시 상속세 과세가액(20억원) - 상속공제액(10억원)] × 세율 = 6천만원

# 부동산 증여시 양도소득세 영향은?

증여 후 5년 내에 양도시 취득가액은 증여자의 취득가액으로

## 증여부동산의 양도세 과세방법은?

| | |
|---|---|
| **양도가액** | 실지거래가액 |
| (-) 취득가액 | 증여 당시 증여가액(신고가액) 또는 증여자의 취득가액(취득가액특례) |
| (-) 필요경비 | 양도비용 등 실제경비 |
| **양도차익** | 1세대1주택 비과세 적용가능 |
| (-) 장기보유특별공제 | 3년 이상 보유시 6~30%(1세대1주택의 경우 24~80%) |
| **양도소득금액** | |
| (-) 양도소득기본공제 | 연간 250만원 |
| **양도소득과세표준** | |

| 적용할 세율 | | | 1년 미만 보유 | 1~2년 보유 | 2년 이상 보유 |
|---|---|---|---|---|---|
| 주택 | 조정대상지역 | 3주택 | 40%, 26~62% | 26~62% | 26~62% |
| | | 2주택 | 40%, 16~52% | 16~52% | 16~52% |
| | | 분양권 | 50% | 50% | 50% |
| | 기타 | | 40%, 6~42% | 6~42% | 6~42% |
| 비사업용토지 | 투기지역 | | 50%, 26~62% | 40%, 26~62% | 26~62% |
| | 기타 | | 50%, 16~52% | 40%, 16~52% | 16~52% |
| 기타 | | | 50%, 6~42% | 40%, 6~42% | 6~42% |

(×) 세율

| | |
|---|---|
| **산출세액** | * 8년 이상 재촌자경한 농지·임야·목장용지를 직계존속이나 배우자에게 증여받는 경우 비사업용토지에서 제외함 |
| (-) 감면세액 | 장기임대·신축주택 감면·미분양주택 과세특례·8년 이상 자경농지 감면 |
| **자진납부할 세액** | 지방소득세 10%과세, 감면분에 대한 20% 농특세 별도 과세 |

- **증여부동산 취득시기 = 증여등기 접수일**

증여로 취득하는 부동산의 취득시기는 증여일(증여등기 접수일)이다. 아울러 양도소득세 계산시 3년 이상 보유 부동산은 장기보유특별공제가 가능한데 이 경우 증여일을 그 기산일으로 한다. 한편 양도소득세 계산시 부동산 보유기간에 따라 적용할 세율이 다른데 증여의 경우 증여받은 날을 취득시기로 보아 세율을 적용한다.

## 증여부동산 양도시 취득가액은?

- **일반적인 경우**

증여로 취득하는 부동산의 취득가액은 증여 당시 증여재산 평가가액, 즉 시가를 원칙으로 하되 시가를 산정하기 어려운 경우 증여세법상 보충적 평가방법에 의하여 평가한다.

- **가족 내 증여재산을 5년 내 양도하는 경우**

양도일부터 소급하여 5년 이내에 그 배우자 또는 직계존비속으로부터 증여받은 부동산 또는 부동산상의 권리를 양도하는 경우의 취득가액은 그 배우자 또는 직계존비속의 취득 당시 취득금액으로 한다. 이 경우 납부한 증여세는 필요경비로 공제되며 장기보유특별공제나 세율의 적용은 증여자의 취득일을 기준으로 적용한다.

| 구분 | | 증여부동산의 취득가액 |
|---|---|---|
| 배우자·직계존비속 간 증여재산 | 증여 후 5년 내 양도 | 배우자·직계존비속의 취득가액 |
| | 증여 후 5년 후 양도 | 증여 당시 증여평가가액 |
| 기타의 경우 | | |

참고 **상황별 필요경비 계산특례규정 적용 요령**

| 상황 | 적용 여부 |
|---|---|
| 배우자 증여 후 5년 내 양도 + 양도 당시 배우자가 사망한 경우 | × |
| 배우자 증여 후 5년 내 양도 + 양도 당시 배우자와 이혼한 경우 | ○ |
| 직계존비속 증여 후 5년 내 양도 + 양도 당시 직계존비속 사망한 경우 | ○ |

# 처분시기에 따라 세부담이 달라져

## • 주택의 경우

증여받은 주택의 1세대1주택 비과세 적용도 증여시점부터 2년 이상 보유해야 적용이 가능하다. 아울러 증여받은 주택은 중과세대상 주택 수에 포함하여 다주택자의 중과여부를 판단한다.

## • 농지·임야의 경우

증여받은 농지의 경우, 증여자의 자경기간을 수증자의 자경기간과 합산하지 않으므로 증여받은 날 이후에 8년 이상 자경해야만 자경농지 양도세 감면규정이 적용된다. 그리고 수증자가 농지·임야를 증여받은 후 재촌·자경요건을 충족해야만 비사업용 토지의 양도세 중과세 규정을 피할 수 있다. 다만 직계존속 또는 배우자가 8년 이상 재촌자경을 하고 양도 당시 도시지역(녹지지역 및 개발제한구역은 제외) 안의 토지 이외의 농지 · 임야 및 목장용지로서 직계존속 또는 해당 배우자로부터 증여받은 토지는 비사업용 토지로 보지 아니한다.

| 구분 | | | | ~D+3월 | ~D+2년 | ~D+3년 | ~D+5년 | D+5년~ |
|---|---|---|---|---|---|---|---|---|
| 증여 주택 | 1세대1주택 비과세 적용 여부 | | | 양도세 없음 | 적용 불가 | 요건 충족시 적용가능 | | |
| | 중과세 주택 수 포함 여부 | | | | 증여주택 중과세 주택 수 포함 | | | |
| 증여 농지 등 | 8년 이상 자경농지 감면 적용 여부 | | | | 수증자가 8년 이상 재촌자경 후 감면 가능 | | | |
| | 비사업용 토지 중과세 여부 | 증여자 재촌 자경○ | 8년 이상 | | 중과세 적용배제[주1] | | | |
| | | | 8년 미만 | | 중과세 적용 | | | |
| | | 증여자 재촌자경× | | | | | | |
| 장기보유공제 적용가능여부 | | | | | 적용 불가 | | 적용 가능 | |

주1) 양도 당시 농지 등이 소재한 지역이 녹지지역 및 개발제한구역 이외의 도시지역 안의 토지는 제외함.
주2) 만일 증여가 아닌 주택 또는 농지 등을 상속한 경우라면 상속주택·농지 등을 5년 이내 양도하면 중과세에서 배제되며, 8년 이상 자경농지의 감면규정 적용시 피상속인이 재촌자경을 한 농지 등을 상속 후 3년 이내에 양도하면 상속 후 상속인의 재촌자경과 상관없이 피상속인의 경작기간과 상속인의 경작기간을 통산하여 감면이 가능하고, 3년 이후에 양도시 상속인이 상속 후 1년 이상 재촌자경을 하면 피상속인의 경작기간과 상속인의 경작기간을 통산하여 감면이 가능한 점에서 차이가 있음.

# 08 부동산별 절세 체크 포인트
# – (1) 상가·오피스

*상가 증여시 세금뿐만 아니라 4대보험 등 효과도 고려해야*

상가 또는 오피스를 증여하면 임대소득이 새로 생기게 되므로 당장 경제적 도움이 필요한 자녀에게는 증여로 인한 만족도가 상당히 높다. 아울러 증여 이후의 증여재산의 가치 상승분과 운용수익을 부모가 아닌 자녀에게 귀속시킬 수 있기 때문에 자녀에게는 일종의 종잣돈 역할이 가능하다.

## 상가·오피스 증여시 세금효과는?

### • 취득세의 경우

상가나 오피스를 증여하면 수증자는 지방세 시가표준액의 4%(지방교육세와 농어촌특별세 포함)의 취득세를 부담한다. 여기에서 지방세 시가표준액이란 토지는 개별공시지가, 건축물은 지방세법상 건물기준시가를 말한다. 한편 배우자 또는 직계존비속으로부터의 부담부증여는 그 채무액에 상당하는 부분은 유상취득으로 보아 취득세율(4.6%)을 적용한다.

• **증여세의 경우**

　상가나 오피스를 증여하는 경우 매매가액이나 감정가액 등의 시가가 존재하는 경우가 흔치 않아 보통의 경우에는 보충적 평가방법으로 평가된다. 즉 상가나 오피스의 토지와 건물분을 합하여 평가하되, 토지는 개별공시지가에 의해 평가하고 건물분은 매년 말에 국세청장이 고시하는 건물 기준시가에 의하여 평가한다. 따라서 시가반영률이 아파트나 오피스텔에 비하여 낮은 편이므로 증여세 측면에서 유리하나 이른바 '꼬마빌딩'의 경우 기준시가가 아닌 감정가액으로 평가하도록 관련 세법 개정할 예정이므로 주의하여 살펴볼 필요가 있다. 한편 임대차계약이 체결된 상가나 오피스를 보충적 평가방법에 의하여 평가하는 경우 임대료 등 환산가액이 보충적 평가방법에 따라 평가한 가액이 보다 큰 경우가 발생하기도 한다. 이 경우라면 증여재산평가가액은 보충적 평가방법이 아닌 세법에서 정한 임대료 등 환산가액으로 평가하여야 한다. 아울러 증여일 전 10년 이내에 동일인(증여자가 직계존속인 경우에는 그 직계존속의 배우자를 포함)으로부터 받은 증여재산가액은 증여세 계산시 합산한다.

• **재산세의 경우**

　상가나 오피스를 증여하는 경우 증여자의 재산세는 줄고 수증자의 재산세는 늘게 된다. 상가나 오피스의 건축물분의 재산세는 과세물건별로 과세하며, 건물시가표준액에 70%를 곱한 금액에 건축물분 재산세율(0.25%로 하되 시 지역 이상 공장은 0.5%, 골프장·고급오락장용 건축물은 4%)을 곱하여 재산세를 계산한다. 반면에 토지는 기준면적 이내의 경우에는 별도합산 과세대상이 되지만 기준면적을 초과하면 별도합산 과세대상으로 보아 과세대상별로 합산하여 지자체별로 과세하며, 개별공시지가에 70%를 곱한 금액에 토지분 재산세율(종합합산 과세대상은 0.2~0.5%, 별도합산과세대상은 0.2~0.4%)을 곱하여 재산세를 계산한다. 다만 상가나 오피스 증여로 인한 재산세 절감효과는 실무적으로 보면 그리 크지는 않다.

• 종합부동산세의 경우

상가나 오피스를 증여하는 경우 증여자의 종합부동산세는 줄고 수증자의 종합부동산세는 늘게 된다. 상가나 오피스의 종합부동산세의 경우에는 건축물에는 과세하지 않으며, 토지분에 대하여서만 개인별로 별도합산토지별 또는 종합합산토지별로 구분하여 합산과세를 한다. 상가나 오피스의 토지분 종합부동산세는 개별공시지가에서 과세기준점을 공제한 금액에서 토지분 종합부동산세율(별도합산과세대상은 0.5~0.7%, 종합합산 과세대상은 1~3%)을 곱한 금액에서 과세기준점 초과분의 재산세를 공제하여 계산하며, 2021년까지 한시적으로 5~15%의 경감된 금액으로 종합부동산세를 계산한다. 여기에서 과세기준점이란 별도합산과세대상은 80억원, 종합합산과세대상은 5억원을 말하는 것으로 만일 과세기준점 이하라면 종합부동산세가 부과되지 않는다. 실무적으로 상가나 오피스 증여로 인한 종합부동산세 절감효과는 증여로 인하여 과세기준점 이하로 낮출 수 있다면 절세효과가 발생할 수 있다.

## • 종합소득세의 경우

상가나 오피스를 증여하는 경우 증여자의 종합소득세는 줄고 수증자의 종합소득세는 늘게 된다. 연도 중에 상가나 오피스의 증여가 있는 경우 임대소득에 대한 종합소득세 신고는 귀속된 소득에 대하여 증여자나 수증자별로 각자 신고하여야 한다. 만일 증여 이전 또는 증여 이후에 상가를 공동으로 소유하면서 상가임대업을 영위하였다면 임대부동산의 소유지분에 따라 상가임대업에서 발생한 소득을 배분하여 각자에게 귀속된 소득에 각각 종합소득세 신고를 해야 한다. 상가나 오피스 증여로 인한 종합소득세 절감효과는 각자의 소득금액에 따라서 절세효과가 발생할 수 있다.

## • 상속세의 경우

상가나 오피스를 증여하고 증여자가 사망하여 상속세 계산하는 경우 증여자가 증여일로부터 10년(상속인이 아닌 경우 5년) 이상 생존한다면 상속시 사전증여 재산가액은 합산되지 않으며, 만일 증여일로부터 10(5)년 이내에 상속한다면 증여재산을 합산하여 계산한다. 따라서 상가나 오피스 증여로 인한 상속세 절감효과는 증여 이후 상속시점이나 수증자가 누구인지에 따라 달라진다.

## • 양도소득세의 경우

상가나 오피스를 사전증여 받은 이후에 수증자가 증여재산을 양도하여 양도소득세 계산하는 경우 증여받은 부동산의 양도소득세는 양도가액에서 증여 당시 증여가액 등을 차감하고 양도소득세율을 곱하여 계산한다. 상가나 오피스를 증여세 계산과정에서 일반적으로 시가가 없는 경우가 많아 시가보다 낮은 보충적 평가방법으로 신고하는데, 이 경우라면 비록 증여세는 절감되지만 양도소득세를 높이는 결과를 초래하게 된다. 아울러 양도일부터 소급하여 5년 이내에 그 배우자 또는 직계존비속으로부터 증여받은 재산의 경우 취득가액은 그 배우자 또는 직계존비속의 취득 당시 취득금액으로 한다는 점도 추가로 고려되어야 한다.

〈상가 · 오피스 증여로 인한 증여전후 세금의 변화〉

| 구분 | 세목 | 증여로 인한 세금효과 | 비고 |
|---|---|---|---|
| 취득<br>단계 | 취득세 | 수증자 ↑ | 시가표준액의 4% |
| | 증여세 | 수증자 ↑ | 동일인의 10년 내 합산과세/낮은 시가반영률/ 임대료 등 환산가액평가 특례 |
| 보유<br>단계 | 재산세 | 증여자 ↓, 수증자 ↑ | • 토지: 별도합산과세 또는 종합합산과세<br>• 건축물: 과세물건별 과세 |
| | 종합부동산세 | 증여자 ↓, 수증자 ↑ | • 토지: 별도합산과세 또는 종합합산과세<br>• 건축물: 과세 안 함 |
| | 종합소득세 | 증여자 ↓, 수증자 ↑ | 증여 연도는 소득자와 증여자 별도 신고 |
| | 사회보험료 | 증여자 ↓, 수증자 ↑ | |
| 처분<br>단계 | 상속세 | 증여자 ↓, 수증자 ↑ | 10(5)년 이내 증여재산 합산과세 |
| | 양도소득세 | 수증자 ↑ | 증여가액 = 취득가액/ 취득가액 특례규정 |

## 사업자등록 변경절차

상가나 오피스를 증여하면 세무서에 부동산임대업에 대한 사업자등록의 변경절차가 필요하다. 만일 단독 소유한 상가를 자녀에게 모두 증여한 경우라면 부모의 사업자등록은 폐업신고를 하고 증여받은 자녀 명의로 사업자등록을 신규로 신청하여야 한다. 반면에 증여 전에 공동으로 소유하고 있던 상가를 자녀에게 증여한 경우나 일부 지분만을 증여하고 증여 이후에도 증여재산에 부모님의 지분이 남아 있는 경우라면 사업자등록 정정신고를 하면 된다. 사업자등록 신규신청은 증여일로부터 20일 내에, 사업자등록 정정신청은 지체 없이 증여재산 소재지 관할 세무서에 하여야 한다.

| 상황 예시 | 진행절차 | 신청기한 |
|---|---|---|
| 父 → 子 | 폐업신청·신규신청 | 증여일부터 20일 내 |
| 父 → 父·子, 父·子 → 子, 父·子 → 父·子(지분율 변경) | 정정신청 | 지체 없이 |

## 상가·오피스 증여로 4대보험의 영향은?

상가나 오피스 증여로 인하여 증여받는 자가 새로 사업자등록을 하고 임대소득이 발생한다면 4대보험에는 어떤 영향을 줄까?

| 구분 | 국민연금 | 건강보험 | 고용보험 | 산재보험 |
|---|---|---|---|---|
| 관련기관 | 국민연금공단 | 국민건강보험공단 | 근로복지공단 | |
| 운영목적 | 노후소득보장 | 질병치료 | 고용안정 | 산재보상 |
| 적용대상 | 전국민(근로자 포함) | | 근로자 | |
| 자격관리 | 사업장·지역 | 직장(피부양자)·지역 | 사업(사업장) | |

| | 부과기준 | 기준소득월액 | 보수월액 등<sup>주)</sup> | 월평균보수 | |
|---|---|---|---|---|---|
| 보험료 | 보험료율 | 9% | 6.46%(장기요양보험료 8.51% 별도) | • 실업급여: 1.3%<br>• 작업능력개발: 0.25~0.85% | 사업종류별 고시율 |
| | 부담주체 | • 사업장(직장): 근로자·사용자 1/2<br>(소득월액 보험료는 직장가입자 부담)<br>• 지역가입자: 전액 | | • 실업급여: 근로자·사용자1/2<br>• 작업능력개발: 사용자 | 사용자 |
| | 부과방법 | 매월 부과 | 매월 부과 → 보수총액신고 → 사후정산 | | |

주) 보수월액 등
① 직장가입자: 보수월액 + 연 34백만원 초과 보수외 소득(사업·이자·배당·기타·연금·근로소득)의 소득월액
② 지역가입자: 소득·재산(토지·주택·건축물·전월세)·자동차의 3대 부과요소별 점수 × 189.7원

## • 국민연금의 경우

  상가나 오피스 증여로 증여받는 자가 새로 사업자등록을 하여 임대소득이 발생하고 그 임대사업에서 근로자를 고용하였다면 별도의 사업장 성립신고를 하여야 하고, 이 경우 사업자 자신도 사업장가입자로 가입신고를 하여야 한다. 반면에 그 임대사업에서 근로자를 고용하지 않았다면 별도의 사업장 성립신고를 할 필요가 없지만 국민연금에 가입하지 않는 사업자는 지역가입자로 가입신고를 하여야 한다.

## • 건강보험료의 경우

  상가나 오피스 증여로 증여받는 자가 새로 사업자등록을 하고 임대소득이 발생하였다면 기본적으로 국민연금의 경우와 동일하다. 다만 증여받은 자가 이미 직장가입자이고 그 임대사업에서 근로자를 고용하지 않았다면 별도의 사업장 성립신고를 할 필요가 없지만 보수외 소득이 연간 34백만원을 초과하면 보수월액보험료 이외에 소득월액 보험료가 추가로 부과된다.

| 구분 | | | 가입대상(자격) |
|---|---|---|---|
| 사업장 | | | 1인 이상 근로자를 사용하는 모든 사업장 |
| 개인 | 국민연금 | 사업장 근로자가입자 | 1인 이상의 근로자를 사용하는 사업장에 근무하는 18세 미만이거나 60세 이상인 사용자와 근로자 |
| | | 지역가입자 | 18세 이상 60세 미만의 국민으로서 사업장가입자가 아닌 자(단 퇴직연금 등 수급권자·18세 이상 27세 미만인 자로서 학생이거나 군복무 등으로 소득이 없는 자·무소득 배우자는 제외) |
| | 건강보험 | 직장 근로자 가입자 | 상시 1인 이상의 근로자를 사용하는 사업장에 고용된 근로자와 그 사용자 |
| | | 직장 피부양자 | 소득이 없는 자로서 직장가입자에 의하여 주로 생계를 유지하는 자<sup>주)</sup> |
| | | 지역가입자 | 직장가입자와 그 피부양자를 제외한 가입자 |

주) 피부양자의 요건: 피부양자는 직장가입자의 배우자·직장가입자의 직계존속(배우자의 직계존속을 포함)·직장가입자의 직계비속(배우자의 직계비속 포함)과 그 배우자·직장가입자의 형제·자매 중 직장가입자에게 주로 생계를 의존하는 사람으로서 ① 부양요건에 해당하고 ② 소득요건과 ③ 재산요건 기준금액 이하에 해당하는 경우를 말함(국민건강보험법 시행규칙 별표 1과 별표 1의2에서 구체적으로 정함)
① 동거요건: 동거시와 비동거시를 나누어 가입자와 피부양자의 관계에 따라 각각 규정함.
② 소득요건: 종합소득금액이 연 34백만원 이하이고 사업소득금액이 없을 것(단, 사업자등록이 없는 경우나 장애인·국가유공자·보훈대상자인 경우는 사업소득이 연간 5백만원 이하일 것).
③ 재산요건: 피부양자의 재산세 과세표준 합계액이 5.4억원 이하이거나 9억원 이하이면서 종합소득금액이 연 1천만원 이하일 것(단 피부양자가 형제자매인 경우는 재산세 과세표준 합계액이 5.4억원 이하일 것)

## • 고용 · 산재보험의 경우

상가나 오피스 증여로 증여받는 자가 새로 사업자등록을 하고 임대소득이 발생하였고 그 임대사업에서 근로자를 고용하였다면 별도의 사업장 성립신고를 하여야 한다. 산재보험은 사업자도 부과대상이지만, 고용보험의 경우 사업자는 부과대상에서 제외된다.

| 구분 | | | 근로자 고용 × | 근로자 고용 ○<sup>주)</sup> |
|---|---|---|---|---|
| 국민연금 | 기가입자 | 사업장가입자 | - | 사업장가입자(사업자 포함) 가입 |
| | | 지역가입자 | - | 사업장가입자(사업자 포함) 가입/지역가입자 탈퇴 |
| | 미 가입자 | | 지역가입자 가입 | 사업장가입자(사업자 포함) 가입 |

| 건강<br>보험 | 기<br>가입자 | 직장가입자 | 보수외소득 연간 34백만원 초<br>과시 소득월액보험료 부과 | 직장가입자(사업자 포함) 가입 |
|---|---|---|---|---|
| | | 지역가입자 | - | 직장가입자(사업자 포함) 가입<br>/지역가입자 탈퇴 |
| | 피부양자 | | 지역가입자 가입 | 직장가입자(사업자 포함) 가입 |
| 고용보험 | | | - | 직장가입자(사업자 불포함) 가입 |
| 산재보험 | | | - | 직장가입자(사업자 포함) 가입 |

주) 1인 이상 근로자를 사용하는 사업장은 사용자가 별도의 사업장 성립신고를 하여야 함(기존의 직장가
입자라도 추가하여 성립신고 해야 함). 만일 사업장 성립 신고하여 직장가입자가 되면 피부양자 등록 가
능한 반면 지역가입자는 피부양자 등록이 불가능함.


# 상가 증여시 그 밖의 영향은?


## • 소득공제대상에서 제외

상가나 오피스 증여로 증여받는 자가 연간 1백만원 이상의 임대소
득이 발생하였다면 종합소득세 계산시 다른 사람의 부양가족이 되지
못하므로 배우자공제나 부양가족공제 등의 기본공제와 추가공제, 증
여받은 자와 관련한 보험료공제 · 교육비공제 · 기부금공제 등의 특
별세액공제의 적용대상에서 제외된다.


## • 각종 지원조건

상가나 오피스 증여로 임대소득이 발생하였다면 각종 보조금이나
연금 수급에 일정 규모 이하의 소득이나 재산을 요건으로 하는 경우
영향을 받을 수 있다.

## 상가 증여시 추가 고려해야 할 사항

- 증여 이후 임대소득과 가치 상승분이 수증자에게 귀속된다.
- 증여재산 평가시 시가반영률이 비교적 낮다.
- 보유·양도단계의 증여자 세금은 줄고 수증자의 세금은 증가한다.
- 증여시 사업자등록 변경절차가 필요하다.
- 상가 임대소득은 연도 중에 귀속된 소득에 대해 각자 신고한다.
- 임대소득 발생으로 4대보험이나 소득공제 등에 영향을 준다.

# 09 부동산별 절세 체크 포인트
## – (2) 주택

*자녀에게 주택 증여시 종합부동산세나 양도세 절세 가능해*

주택은 세금 측면에서 정반대의 상반된 얼굴을 가지고 있는데 주택의 취득·보유단계나 양도 또는 상속의 처분단계의 전 과정에서 1주택 소유자에게는 1세대1주택 양도세 비과세나 동거주택상속공제 등의 강력한 세금혜택을 부여한다. 반면에 2주택 이상의 다주택자에게는 종합부동산세 부과나 다주택자 양도소득세 중과제도 등의 세제상 불이익을 준다.

### 주택 증여시 세금효과는?

**• 취득세의 경우**

주택을 증여하면 수증자는 지방세 시가표준액의 4%(지방교육세와 농어촌특별세 포함)의 취득세를 부담한다. 여기에서 지방세 시가표준액이란 개별주택가격 또는 공동주택가격을 말한다. 한편 배우자 또는 직계존비속으로부터의 부담부증여를 한 경우는 그 채무액에 상당하는 부분은 유상취득으로 보아 취득세율을 적용(1.1~3.5%)하고 나머지 부분은 증여에 해당하는 취득세율(4.6%)을 적용한다.

## • 증여세의 경우

주택을 증여하는 경우 매매가액이나 감정가액 등의 시가로 평가하는 것이 원칙이지만 실무적으로 시가로 보는 매매가액 등이 존재하는지는 아파트냐 단독주택이냐에 따라 각각 다르다. 즉 아파트의 경우 국토교통부의 실거래가 공개시스템을 통하여 증여재산과 유사한 아파트의 거래가액의 확인이 가능하므로 이를 시가로 보아 평가하는 것이 일반적이지만, 단독주택이나 다가구 · 다세대주택의 경우는 매매가액 등 시가가 존재하는 경우가 흔치 않아 보충적 평가방법인 개별주택가격으로 평가되는 경우가 많다. 아울러 증여일 전 10년 이내에 동일인(증여자가 직계존속인 경우에는 그 직계존속의 배우자를 포함)으로부터 받은 증여재산가액은 증여세 계산시 합산한다.

## • 재산세의 경우

주택을 증여하는 경우 증여자의 재산세는 줄고 수증자의 재산세는 늘게 된다. 주택은 시 · 군 · 구의 지자체별로 주택별로 각각 과세하며, 건물시가표준액에 60%를 곱한 금액에 주택분 재산세율(0.1~0.4%, 별장은 4%)을 곱하여 재산세를 계산한다. 다만 주택증여로 재산세 절감효과는 그리 크지 않다.

## • 종합부동산세의 경우

주택을 증여하는 경우 증여자의 종합부동산세는 줄고 수증자의 종합부동산세는 늘게 된다. 주택의 경우 종합부동산세는 전국을 단위로 개인 소유자별로 합산하여 과세한다. 주택의 종합부동산세는 개별주택가격이나 공동주택가격에서 6억원(1세대1주택이면서 단독소유한 경우 9억원)을 공제 후 종합부동산세율(0.5~2.7%, 3주택이상자 또는 조정대상지역내 2주택 소유자는 0.6~3.2%)을 곱하여 계산하되, 6(9)억원 초과분의 재산세 상당액과 산출세액의 최대 70% 범위 내에서 1세대1주택자의 장기보유자세액공제·고령자세액공제를 공제하여 계산한다. 따라서 부모 소유의 주택을 자녀에게 증여한다면 적용세율이 초과누진세율 구조라는 점, 주택가격이 개인별로 6(9)억원 이하인 경우 과세되지 않는다는 점, 소유 주택 수에 따라 적용세율이 달라지고 세부담 상한이 달라진다는 점 등을 고려하면 주택증여로 인한 종합부동산의 절세는 가능하다고 판단된다. 다만 부모가 1세대1주택자이면서 60세 이상이거나 5년 이상 보유한 경우라면 세액공제가 가능한데 만일 자녀에게 증여로 인하여 세액공제가 불가능한 경우가 발생하면 종합부동산세 절세효과가 상쇄될 가능성이 있다.

• **상속세의 경우**

주택 증여 후에 증여자가 사망하여 상속세 계산하는 경우 증여자가 증여일로부터 10년(상속인이 아닌 경우 5년) 이상 생존한다면 상속시 사전증여재산가액은 합산되지 않으며, 만일 증여일로부터 10(5)년 이내에 상속한다면 증여재산을 합산하여 계산한다.

## • 양도소득세의 경우

주택을 사전 증여받은 이후에 수증자가 증여받은 주택을 양도하여 양도소득세 계산하는 경우 증여받은 주택의 양도소득세는 양도가액에서 증여 당시 증여가액 등을 차감하고 양도소득세율을 곱하여 계산한다. 아울러 양도일부터 소급하여 5년 이내에 그 배우자 또는 직계존비속으로부터 증여받은 재산의 경우 취득가액은 그 배우자 또는 직계존비속의 취득 당시 취득금액으로 한다. 한편 주택의 경우 1세대 1주택 비과세 적용 여부와 다주택자의 중과세를 회피할 수 있는지 여부가 중요한 이슈가 된다. 이에 대하여 살펴보면 만일 부모 소유의 주택을 자녀에게 증여한다면 자녀 입장에서는 증여받은 주택을 양도시 1세대1주택 비과세를 적용받기 위해서는 증여시점부터 2년 이상 보유하여 비과세 요건을 충족하여야만 적용이 가능하며, 증여받은 주택 이외에 다른 주택을 양도하는 경우 증여받은 주택은 중과세대상 주택 수에 포함하여 다주택자의 양도세 중과 여부를 판단한다. 반면에 부모 입장에서는 자신의 소유 주택을 자녀에게 증여하고 아울러 주택을 증여받은 자녀가 동일한 세대원이 아니라면 자녀에게 주택 증여로 인하여 증여한 주택 이외에 다른 주택 양도시 1세대1주택 비과세 적용이나 다주택자의 중과세 적용시 주택 수에서 증여한 주택을 제외할 수 있는 효과를 볼 수 있다.

〈주택 증여로 인한 증여 전후 세금의 변화〉

| 구분 | 세목 | 증여로 인한 세금효과 | 비고 |
|---|---|---|---|
| 취득<br>단계 | 취득세 | 수증자 ↑ | 시가표준액의 4% |
| | 증여세 | 수증자 ↑ | 10년 내 합산과세/시가평가 |
| 보유<br>단계 | 재산세 | 증여자 ↓, 수증자 ↑ | 시군구별 주택별로 개별과세 |
| | 종합부동산세 | 증여자 ↓, 수증자 ↑ | 전국 단위로 개인별 합산과세 |
| | 사회보험료 | 증여자 ↓ , 수증자 ↑ | 건강보험 지역가입자 변동 가능 |
| 처분<br>단계 | 상속세 | 증여자 ↓ , 수증자 ↑ | 10(5)년 이내 증여재산 합산과세 |
| | 양도소득세 | 수증자 ↑ | • 증여가액 = 취득가액/취득가액 특례규정<br>• 1세대1주택 비과세/다주택자 중과세 영향 |

## 10 부동산별 절세 체크 포인트 – (3) 오피스텔

*오피스텔 증여시 업무용 · 주거용에 따라 세금효과가 달라져*

오피스텔은 오피스와 주택이 혼재된 형태로 실무적으로 오피스텔을 구분할 때도 주거용 오피스텔과 업무용 오피스텔로 나눈다. 이러한 오피스텔은 주택법상 주택으로 보지 않기 때문에 건축법상 일반 업무시설로 구분하지만 세법을 적용함에 있어서는 실질과세원칙에 따라 실지 사용 용도에 의하여 판단하기도 한다. 이하에서는 오피스텔의 증여와 관련한 세금효과에 대하여 간략하게 설명하며, 주거용 또는 업무용으로 구분에 의한 자세한 절세효과는 앞에서 설명한 오피스로 보는 경우와 주택으로 보는 경우에서 설명한 내용을 참조 바란다.

### 오피스텔 증여시 세금효과는?

**• 취득세의 경우**

오피스텔을 증여하면 수증자는 지방세 시가표준액의 4%(지방교육세와 농어촌특별세 포함)의 취득세를 부담한다. 한편 배우자 또는 직계존

162 실전 증여 솔루션

비속으로부터의 주거용 오피스텔을 부담부증여를 한 경우 그 채무액에 상당하는 부분은 유상취득으로 보아 취득세율을 적용하는데, 이 경우 적용할 취득세율은 비록 주거용 오피스텔이라도 주택분 취득세율(1.1~3.5%)이 아닌 오피스에 해당하는 취득세율(4.6%)을 적용한다.

## • 증여세의 경우

오피스텔을 증여한다면 증여한 오피스텔에 매매가액이나 감정가액 등의 시가로 보는 금액이 있다면 시가를 우선 적용하여 평가하고, 만일 시가로 보는 금액이 없다면 주거용이든지 업무용이든지 따지지 않고 매년 12월 말에 국세청장이 일괄 고시하는 오피스텔 및 상업용 건물 기준시가에 의하여 평가한다. 아울러 증여일 전 10년 이내에 동일인(증여자가 직계존속인 경우에는 그 직계존속의 배우자를 포함)으로부터 받은 증여재산가액은 증여세 계산시 합산한다.

## • 재산세의 경우

오피스텔을 증여하는 경우 증여자의 재산세는 줄고 수증자의 재산세는 늘게 된다. 한편 재산세는 과세대상 물건이 공부상 등재 현황과 사실상의 현황이 다른 경우에는 사실상 현황에 따라 재산세를 부과하도록 규정되어 있다. 따라서 오피스텔은 과세기준일(6월 1일) 현재 사실상 주거용으로 사용하고 있으면 주택분 재산세를, 업무용으로 사용하면 오피스에 해당하는 재산세를 부과한다.

Q. 주거용 오피스텔의 재산세는 어떤 기준으로 과세되나요?

A. 현행 지방세법에서는 공부상 등재 여부와 관계없이 사실상 주거용으로 사용하는 오피스텔은 주택으로 보아 재산세를 계산한다. 한편 오피스텔은 법적으로 주택이 아니므로 재산세도 주거용이 아닌 업무용 토지와 건물로 나누어 과세하는데, 주택은 재산세 부과시 시가표준액의 60% 수준만 과세하는 데 비해 업무용 건물은 시가표준액의 70% 수준으로 과세하므로 주택으로 보아 과세하는 것이 보다 유리함. 이에 납세자가 주거용 오피스텔을 주택으로 하여 재산세를 부담하고 싶다면 '재산세 과세대상 변동신고서'를 과세관청에 제출하여야 하며, 이미 납부한 재산세는 사실상 주거용으로 사용했다는 입증서류를 첨부하여 경정청구하면 과다 납부한 재산세에 대하여 환급도 가능하다.

• 종합부동산세의 경우

오피스텔을 증여하는 경우 증여자의 종합부동산세는 줄고 수증자의 종합부동산세는 늘게 된다. 한편 오피스텔의 종합부동산세 과세대상의 구분은 재산세의 구분방법에 따르므로 사실상 주거용으로 사용하는 오피스텔은 주택분 종합부동산세를, 업무용으로 사용하고 있으면 오피스에 해당하는 종합부동산세를 부과한다.

• 종합소득세의 경우

오피스텔을 증여하는 경우 증여자의 종합소득세는 줄고 수증자의 종합소득세는 늘게 된다. 한편 오피스텔의 종합소득세 과세대상의 구분은 사실상 용도에 의하여 주거용 오피스텔에서 발생하는 임대소득은 주택임대소득으로 보아 과세하고, 업무용 오피스텔에서 발생하는 임대소득은 일반 업무용 부동산임대의 사업소득으로 보아 과세한다.

## • 상속세의 경우

오피스텔을 사전증여를 한 이후에 증여자가 사망하여 상속세를 계산하는 경우 증여자가 증여일로부터 10년(상속인이 아닌 경우 5년)이상 생존한다면 상속시 사전증여재산가액은 합산되지 않으며, 만일 증여일로부터 10(5)년 이내에 상속한다면 증여재산을 합산하여 계산한다.

## • 양도소득세의 경우

오피스텔을 사전증여 받은 이후에 수증자가 증여재산을 양도하여 양도소득세 계산하는 경우 증여받은 부동산의 양도소득세는 양도가액에서 증여 당시 증여가액 등을 차감하고 양도소득세율을 곱하여 계산한다. 아울러 양도일부터 소급하여 5년 이내에 그 배우자 또는 직계존비속으로부터 증여받은 재산의 경우 취득가액은 그 배우자 또는 직계존비속의 취득 당시 취득금액으로 한다. 한편 양도소득세 계산에서 오피스텔이 주택인지 오피스인지의 구분은 사실상 사용용도에 의하여 판단하며, 만일 주거용 오피스텔인 경우 1세대1주택 비과세 적용도 가능하고 다주택자의 중과세 적용시 주거용 오피스텔도 주택으로 보아 중과세 규정을 적용한다.

## 〈오피스텔 증여 이후 세금 적용 요령〉

| 구분 | 세목 | 내용 |
|---|---|---|
| 취득<br>단계 | 취득세 | 시가표준액의 4%/주거용 오피스텔도 오피스용으로 봄 |
| | 증여세 | 동일인의 10년 내 합산과세/ 시가평가 원칙이며 시가가 없으면 국세<br>청장이 일괄고시가액으로 평가함 |
| 보유<br>단계 | 재산세 | 사실상 용도구분에 의하여 재산세를 적용함 |
| | 종합부동산세 | 재산세의 용도구분에 의하여 종합부동산세를 적용함 |
| | 종합소득세 | 증여연도는 소득자와 증여자 별도 신고 |
| | 사회보험료 | 사실상 용도에 의하여 주택과 오피스 임대로 과세함 |
| 처분<br>단계 | 상속세 | 10(5)년 이내 증여재산 합산과세 |
| | 양도소득세 | 증여가액 = 취득가액/ 취득가액 특례규정/주거용 오피스텔의 경우 1<br>세대1주택 비과세적용 가능하며 중과세 주택 수에 포함함 |

## 11 부동산별 절세 체크 포인트 – (4) 농지·임야

*농지 증여에 앞서 법적으로 증여가 가능한지부터 따져 봐야*

### 농지취득자격증명 절차 요구

농지는 농지법에 의하여 원칙적으로 자기의 농업경영에 이용하거나 이용할 자가 아니면 소유하지 못한다. 따라서 증여에 의하여 농지를 취득하려는 자는 농지 소재지를 관할하는 시·구·읍·면의 장에게 농업경영계획서를 제출하고 농지취득자격증명을 발급받아야 한다. 다만 1천㎡ 미만의 주말농장의 경우처럼 농지 소유의 제한을 받지 않는 경우는 제외한다.

### 농지·임야 증여시 세금효과는?

#### • 취득세의 경우

농지나 임야를 증여하면 수증자는 지방세 시가표준액(개별공시지가)의 4%(지방교육세와 농어촌특별세 포함)의 취득세를 부담한다. 한편 배우자 또는 직계존비속으로부터의 부담부증여의 경우는 그 채무액에 상당하는 부분은 유상취득으로 보아 취득세율(농지의 경우 3%이고 2년 이상 자경하는 경우 1.6%, 임야의 경우 4.6%)의 취득세율을 적용한다.

### • 증여세의 경우

농지나 임야를 증여하는 경우 매매가액이나 감정가액 등의 시가로 평가하는 것이 원칙이지만 실무적으로 시가가 존재하는 경우가 흔치 않아 일반적으로 보충적 평가방법, 즉 개별공시지가에 의하여 평가되는 경우가 많다. 아울러 증여일 전 10년 이내에 동일인(증여자가 직계존속인 경우 그 직계존속의 배우자 포함)으로부터 받은 증여가액은 증여세 계산시 합산한다.

### • 재산세의 경우

농지나 임야를 증여하는 경우 증여자의 재산세는 줄고 수증자의 재산세는 늘게 된다. 농지나 임야는 시 · 군 · 구의 지자체별로 과세물건별로 각각 과세되는데, 실제 영농에 사용하는 농지나 보호 육성을 위해 법률로 지정된 임야는 분리과세대상토지로, 분리과세대상이 아닌 농지나 임야의 경우는 종합과세대상토지로 보아 개별공시지가에 70%를 곱한 금액에 토지분 재산세율(종합합산과세대상은 0.2~0.5%, 분리과세대상은 0.07%)을 곱하여 재산세를 계산한다. 농지나 임야의 증여로 인한 재산세 절감효과는 실무적으로 그리 크지 않다.

### • 종합부동산세의 경우

농지나 임야를 증여하는 경우 증여자의 종합부동산세는 줄고 수증자의 종합부동산세는 늘게 된다. 농지나 임야의 경우 종합부동산세는 분리과세대상인 경우에는 과세되지 않고 종합합산과세대상인 토지만 과세대상이 되며, 개인 소유자별로 합산하여 과세한다. 종합합산과세대상인 토지분의 경우 종합부동산세는 개별공지시가에서 과세기준점(5억원)을 공제한 금액에서 토지분 종합부동산세율(1~3%)을 곱한 금액에서 과세기준점 초과분의 재산세를 공제하여 계산하며, 2021년까지 한시적으로 5~15%의 경감된 금액으로 종합부동산세를 계산한다. 농지나 임야 증여로 인한 종합부동산세 절감효과는 증여로 인하여 과세기준점 이하로 낮출 수 있다면 절세효과가 발생할 수 있다.

### • 상속세의 경우

농지나 임야를 사전증여하고 증여자가 사망하여 상속세를 계산하는 경우 증여자가 증여일로부터 10년(상속인이 아닌 경우 5년) 이상 생존한다면 상속시 사전증여재산가액은 합산되지 않으며, 만일 증여일로부터 10(5)년 이내에 상속한다면 증여재산을 합산하여 계산한다.

### • 양도소득세의 경우

농지나 임야를 사전 증여받은 이후에 수증자가 증여받은 농지나 임야를 양도하여 양도소득세 계산하는 경우 증여받은 농지나 임야의 양도소득세는 양도가액에서 증여 당시 증여가액 등을 차감하고 양도소득세율을 곱하여 계산한다. 아울러 양도일부터 소급하여 5년 이내에 그 배우자 또는 직계존비속으로부터 증여받은 재산의 경우 취득가액은 그 배우자 또는 직계존비속의 취득 당시 취득금액으로 한다. 한편 농지의 경우 8년 이상 자경농지 양도세 감면적용 여부와 농지나 임야의 비사업용토지의 중과세를 회피할 수 있는지 여부가 중요한 관심사이다. 이에 대하여 살펴보면 부모 소유의 농지를 자녀에게 증여한다면 자녀 입장에서는 증여받은 농지는 부모의 자경기간을 자녀의 자경기간과 합산하지 않으므로 증여받은 날 이후에 기산하여 8년 이상 자경해야만 8년 이상 자경농지 양도세 감면규정이 적용되며, 자녀가 농지·임야를 증여받은 후 재촌·자경요건을 충족해야만 비사업용 토지 중과세규정을 적용된다. 다만 직계존속 또는 배우자가 8년 이상 재촌자경 하고 양도 당시 도시지역(녹지지역 및 개발제한구역은 제외) 안의 토지 이외의 농지임야 및 목장용지로서 직계존속 또는 해당 배우자로부터 증여받은 토지는 비사업용 토지로 보지 아니한다.

〈농지·임야 증여로 인한 증여 전후 세금의 변화〉

| 구분 | 세목 | 증여로 인한 세금효과 | 비고 |
|------|------|------|------|
| 취득 단계 | 취득세 | 수증자 ↑ | 시가표준액의 4% |
| | 증여세 | 수증자 ↑ | 동일인의 10년 내 합산과세/ 시가평가원칙이나 시가가 없는 경우 개별공시지가로 평가함 |
| 보유 단계 | 재산세 | 증여자 ↓, 수증자 ↑ | 분리과세대상 또는 종합과세대상 |
| | 종합 부동산세 | 증여자 ↓, 수증자 ↑ | 종합합산과세대상토지만 과세대상임 |
| | 사회보험료 | 증여자 ↓, 수증자 ↑ | 재산 변화로 건강보험 지역가입자 변동 가능 |
| 처분 단계 | 상속세 | 증여자 ↓, 수증자 ↑ | 10(5)년 이내 증여재산 합산과세 |
| | 양도소득세 | 수증자 ↑ | • 증여가액 = 취득가액/ 취득가액 특례규정<br>• 8년 이상 자경농지 양도세감면/ 비사업용토지의 중과세 영향 |

## (12) 부동산 증여등기 절차는?

*부동산 검인절차는 필수적이며 거래허가를 받는 경우도 있어*

증여로 인한 부동산 등기신청은 증여자와 수증자 공동으로 신청하여야 하며 부동산 등기 이전에 부동산의 소재지를 관할하는 시장·구청장·군수의 검인을 받아야 한다.

### 증여등기 신청

증여계약에 따른 소유권 이전등기신청은 수증자를 등기권리자로 하고 증여자를 등기의무자라고 하여 증여자와 수증자가 부동산 소재지 관할 등기소에 출석하여 공동으로 신청하여야 한다. 다만 등기신청은 신청인 본인뿐만 아니라 대리인도 가능하며, 이 경우 등기권리자 또는 등기의무자 일방이 상대방의 대리인이 되거나 쌍방이 제3자에게 위임하여 등기신청을 할 수 있다. 아울러 수증자나 증여자가 증여일 현재 만 19세 미만의 미성년자인 경우 법정대리인인 부모가 대신하여 신청하여야 한다.

## 부동산 증여등기신청방법

### 1. 본인이 등기소에 직접 방문하여 신청

| 1. 증여계약서 작성(3부) · 등기 필요서류 준비 | 당사자 |
|---|---|
| 2. 검인신청 | 부동산소재지 관할 지자체(지적과) |
| 3. 취득세 신고서 작성제출 후 납부서 수령 | 부동산소재지 관할 지자체(세무과) |
| 4. 등기증지 · 국민주택채권 구입, 취득세 납부 | 금융기관 |
| 5. 증여등기 신청서 접수 | 부동산소재지 관할 등기소 |
| 6. 등기필증 수령(신분장 도장 지참) | 부동산소재지 관할 등기소 |

### 2. 인터넷 전자등기신청

부동산 등기신청은 등기소를 방문하지 않고 법원 인터넷등기소를 통하여 온라인으로 신고할 수 있다. 이러한 인터넷 등기를 하기 위해서는 신청인이 직접 법원을 방문하여 사용자 등록을 하여야 한다. 다만 실무에서 절차가 복잡하고 제도가 익숙하지 않아 일반인이 이용하는 경우는 극히 드문 실정이다.

### 3. 대리인을 통하여 신청

등기권리자 또는 등기의무자 일방이 상대방의 대리인이 되거나 쌍방이 자격자대리인(법무사 · 변호사) 등 제3자에게 위임하여 등기신청을 할 수 있다.

## 증여등기 신청기한

증여등기의 신청기한은 증여계약일로부터 60일이며, 만일 이 신청기한 내에 등기신청을 하지 않은 경우 과태료가 부과된다.

## 부동산 증여등기시 준비할 서류

부동산 증여시 등기를 위해 증여자와 수증자는 다음과 같은 서류를 미리 준비하여야 한다.

1. 증여계약서
2. 증여물건의 등기부등본, 토지(임야)대장 또는 건축물관리대장
3. 각자 준비할 서류

| 증여자의 경우 | 수증자의 경우 |
|---|---|
| • 증여물건의 등기권리증 원본<br>• 주민등록초본(주소 변동기재분)<br>• 인감도장<br>• 매도용 인감증명서 1통<br>• 신분증 | • 주민등록등본 1통<br>• 도장(막도장 가능)<br>• 신분증 |

4. 추가사항

1) 부담부증여의 경우
• 은행대출이 있는 경우: 대출잔액 증명서(금융기관 발행)
• 전세 임대보증금이 있는 경우: 임대차 계약서 사본
• 소득금액증명서 등 채무부담 능력을 입증서류(취득세 유상취득 입증이 필요한 경우만 해당)

2) 증여자나 수증자가 미성년자인 경우
• 법정대리인(부모)의 가족관계증명서
• 도장(막도장 가능)
• 신분증

3) 등기를 위임하는 경우
매도자용 위임장(인감도장 날인)

## 증여계약서 검인은 필수

증여계약을 원인으로 소유권이전등기를 신청할 때 증여계약서

에 검인신청인을 표시하여 부동산의 소재지를 관할하는 시장 · 구청장 · 군수의 검인을 받아 관할 등기소에 이를 제출하여야 한다.

## 증여전 사전검토할 사항

### • 농지취득자격 증명제도

농지는 농지법에 의하여 자기의 농업경영에 이용하거나 이용할 자가 아니면 소유하지 못하므로 증여로 농지를 취득하려는 자는 증여 이전에 먼저 농지취득자격증명을 발급받아야 한다.

### • 토지거래허가구역 내 허가신청

증여거래는 토지거래 허가구역 내 토지라도 허가대상이 아니지만 만일 부담부증여의 경우로서 용도별 면적 이상의 토지에 해당한다면 시장 · 군수 또는 구청장의 거래허가를 받아야 소유권 이전등기가 가능하다.

**부동산 증여시 소요되는 비용 요약**

| 구분 | 소요비용 | 비고 |
|---|---|---|
| 1. 취득세 | 시가표준액의 4% | 부담부증여의 예외규정 |
| 2. 등기신청수수료 | 1건당 1.5만원 | 등기수입증지 |
| 3. 국민주택채권구입비용 | 시가표준액*매입률[주] | 매입 후 할인 가능 |
| 4. 등기대리인 수수료 | 합의금액 | |

* 주) 국민주택채권 매입률

| 구분 | 특별시·광역시 | 기타 지역 |
|---|---|---|
| 1천~5천만원 | 1.8% | 1.4% |
| 5천만원~1.5억원 | 2.8% | 2.5% |
| 1.5억원 이상 | 4.2% | 3.9% |

* 위 표는 증여인 경우에 적용되며 만일 부담부증여시 채무인수액은 매매로 보므로 별도의 매입률을 참조해야 함.

* 주택도시기금사이트(http://nhuf.molit.go.kr)/청약채권/제1종국민주택채권/매입대상금액 조회

# PART 3

# 증여절세
# Point
# 이해하기 II
## 금융재산 편

# 01 금융재산 증여시 반드시 알아야 할 사항

*금융재산 증여로 인한 세금효과를 먼저 꼼꼼히 따져 봐야*

## 금융재산별로 증여의 세금효과는 달라

일정 이상 금융재산을 증여받은 수증자는 증여세를 부담하여야 한다. 한편 금융자산의 증여로 인하여 종합소득세의 경우 증여자는 감소하고, 수증자는 증가한다. 아울러 금융재산을 증여하면 증여자는 상속세가 감소할 수 있으며, 수증자는 양도 또는 상속단계에서 부담하는 주식의 양도소득세나 상속세는 증가한다. 한편 금융재산 증여시 증여물건이 예금이냐, 펀드이냐, 채권이냐, 아니면 상장주식이냐에 따라 취득 · 보유 · 처분단계에서의 세금효과가 각각 다르다.

## 만일 차명계좌 · 주식이 드러나면?

### • 자녀 명의 계좌로 입금하면

부모가 자녀명의 계좌로 입금하는 경우의 과세 문제는 금융계좌가 실제 누구 소유인지에 따라 달라진다. 만일 실질 소유자가 자녀라면 입금시점에 부모가 자녀에게 증여한 것으로 보며, 자녀명의의 계좌의 실질 소유자가 부모라면 이는 증여로 보지 않는다. 다만 이 경우 금융실명제 위반사항으로 제재를 받을 수 있으며 금융소득에 대하여 부모의 소득으로 보아 종합소득세를 재계산하여야 한다.

### • 자녀 명의로 주식을 취득하면

부모가 자녀 명의로 주식을 취득하는 경우에 그 주식의 실질적인 소유자가 자녀라면 주식의 취득시점에서 증여세가 부과되며, 주식을 조세회피 목적으로 자녀에게 주식을 명의신탁한 것이라면 부모에게 증여세가 부과된다. 이 경우 주식으로 인하여 발생하는 소득에 대하여 부모의 소득으로 보아 종합소득세를 재계산하여야 한다.

## 금융재산 증여시 신고를 누락하면?

증여세 무신고 사실이 드러나면 증여 이후 15년 기간 동안에 고율의 가산세가 증여세에 더해져서 과세된다. 한편 증여세 신고를 하면 증여 이후 수증자가 재산을 취득할 때 증여신고 금액을 자금출처로 인정받을 수 있다.

### 금융재산 증여시 알아야 할 사항

- 일정 이상 금액의 금융재산 증여하면 수증자는 증여세를 부담한다.
- 금융재산 평가는 증여세법에 금융재산마다 각각 규정하고 있다.
- 금융재산 증여하면 금융소득종합과세에 영향을 미칠 수 있다.

- 증여 후 10년 내 상속이 발생하면 증여가액을 상속세에서 합산한다.
- 증여한 상장주식 양도시 대주주 기준에 해당하면 양도세 과세된다.
- 차명계좌·주식은 실질 소유자가 누구인지에 따라 과세방법이 다르다.
- 증여 신고누락사실이 드러나면 본세와 고율의 가산세가 과세된다.

# 금융재산 증여시 고려해야 할 세금은?

*금융재산 증여시 최득 · 보유 · 처분단계에서 세금에 영향을 줘*

일정 금액 이상의 금융재산을 증여받으면 증여받는 자는 증여세를 납부하여야 한다. 아울러 금융소득의 변동에 따른 금융소득종합과세에 영향을 줄 수도 있고 증여받은 금융재산을 추후에 양도하거나 상속할 때 증여자와 수증자가 각각 부담하여야 할 세금이 증여 이전과 비교하여 달라지게 된다.

## 취득 · 보유 · 처분단계 세금 달라져

### • 증여세 과세

일정금액 이상의 부동산을 증여받으면 증여받는 자는 증여세를 납부하여야 한다. 이 경우 해당 증여일 전 10년 이내에 동일인(증여자가 직계존속인 경우 그 직계존속의 배우자를 포함)으로부터 받은 증여재산가액을 합친 금액이 1천만원 이상인 경우에는 그 가액을 증여세 과세가액에 합산하여 과세한다.

## • 종합소득세 과세

이자소득과 배당소득 중 비과세소득 및 분리과세이자 또는 배당소득을 제외한 소득의 합계액이 2천만원 이상(금융소득 종합과세 기준금액)하는 경우 이자소득과 배당소득은 종합소득에 합산하여 계산한다. 따라서 금융재산 증여시 증여자와 수증자에게 금융소득 종합과세에 영향을 줄 수 있다.

## • 상속세 과세

상속세 계산시 상속개시일 전 10년 이내에 피상속인이 상속인에게 증여하였거나 5년 이내에 피상속인이 상속인이 아닌 자에게 증여하였다면 피상속인의 상속세 계산과정에서 그 사전증여금액은 상속재산가액에 합산하여 계산하여야 한다.

## • 양도소득세 과세

소유주식의 비율·시가총액 등을 고려하여 주권상장법인의 대주주가 양도하는 경우나 소액주주가 아닌 자가 장외거래를 통하여 매매하는 경우는 양도소득세 과세대상이 된다. 이 경우 증여받은 금융재산의 양도소득세는 양도가액에서 증여 당시 증여가액 등을 차감하고 양도소득세율을 곱하여 계산한다.

| 구분 | 취득단계 | 보유단계 | 처분단계 |
|---|---|---|---|
| 예금·펀드 | 증여세 | 종합소득세 | 상속세·증여세 |
| 상장주식 | 증여세[주2] | 종합소득세 | 상속세·증여세<br>양도소득세·증권거래세[주3] |

주1) 양도소득세·종합소득세에 부가되는 지방소득세(10%)는 별도임.
주2) 증여의 경우 증권거래세는 과세되지 않음.
주3) 코스피(농특세 0.15% 포함)·코스닥은 0.25%, 코넥스시장 K-otc에서 양도되는 주식은 양도가액에 0.1%임.

## 증여자·수증자의 세금 변화

일정 이상 금융재산을 증여받은 수증자는 증여세를 부담하여야 한다. 한편 금융자산을 보유함으로써 발생하는 이자와 배당소득, 즉 금융소득으로 인한 종합소득세는 증여자는 감소하고, 반대로 수증자는 증가한다. 아울러 금융재산을 증여하면 증여자는 상속세가 감소할 수 있으며, 수증자는 양도 또는 상속단계에서 부담하는 양도소득세나 상속세는 증가한다.

〈금융재산 증여로 인한 증여 전후 세금의 변화〉

| 구분 | 세목 | 증여로 인한 세금효과 | |
|------|------|------|------|
| | | 증여자 | 수증자 |
| 취득단계 | 증여세 | - | 발생 또는 증가 가능[1] |
| 보유단계 | 종합소득세 | 감소[2] | 증가 |
| 처분단계 | 양도소득세 | 소멸 | 발생[3] |
| | 상속세 | 감소 가능[4] | 증가[5] |

주1) 증여일 전 10년 이내에 동일인(증여자가 직계존속인 경우에는 그 직계존속의 배우자를 포함)으로부터 받은 증여재산가액은 증여세 계산시 합산함. 따라서 당해 증여로 인하여 이미 동일인으로부터 10년 이내 증여가 있는 경우라면 합산과세 됨.
주2) 금융재산의 경우 증여로 인하여 금융소득이 감소함.
주3) 상장주식의 대주주는 주식 양도시 양도소득세를 부담하며 아울러 증권거래세도 부담함.
주4) 상속개시일 전 10년 이내에 피상속인이 상속인에게 증여한 재산가액이나 5년 이내에 상속인이 아닌 자에게 증여한 재산가액은 상속세 계산시 가산함. 즉 증여자가 증여 후 10년 이후 사망시 상속재산에서 제외되며, 증여자가 증여 후 10년 이내 사망시 상속재산에 포함되나 상속재산 평가는 증여 당시 가액으로 평가하므로 증여재산 평가가액이 상속시점에서 증여시점보다 상승(하락)하면 감소(증가)하는 효과가 있음.
주5) 증여재산은 수증자의 상속재산을 구성함.

## 03 금융재산은 어떻게 평가하죠?

*금융자산마다 증여재산의 평가방법은 각각 달라*

금융재산은 환금성이 높아 현금처럼 취급되지만 금융재산 증여시 평가시점에 따라 금액이 달라질 수 있으므로 이에 금융재산의 평가 방법에 대하여 증여세법에 별도로 규정하고 있다.

### 현금·예금·펀드의 경우

현금의 경우는 별도로 평가할 필요가 없으며, 예금이나 적금은 예 입금액과 미수이자를 합한 금액에 원천징수세액을 공제한 금액으로 증여재산을 평가한다. 아울러 펀드는 기준가격으로 평가하되 기준 가격이 없으면 환매가격 또는 가장 가까운 기준가격으로 평가하도록 증여세법에 규정하고 있다.

### 채권의 경우

채권을 증여하는 경우에 거래소에서 거래되는지 여부에 따라 그 평

가방법이 다르다. 거래소에서 거래되는 채권은 직전 2개월간의 최종
시세가격 평균액과 최근일의 최종시세가액 중 큰 금액으로 평가하
고, 거래소에서 거래되지 않는 채권은 매입가액이나 처분예상가액으
로 평가한다.

## 상장주식의 경우

### • 코스피 · 코스닥 상장주식

유가증권시장과 코스닥시장에서 거래되는 주권상장법인의 주식은
평가기준일 이전 · 이후 각 2개월 동안 공표된 매일의 거래소 최종시
세가액의 평균액으로 평가한다. 그러나 유가증권시장과 코스닥시장
에서 거래되는 주식 중에 평가기준일 전후 2개월 이내에 매매거래가
정지되거나 관리종목으로 지정된 기간의 일부 또는 전부가 포함되는
경우는 비상장주식의 보충적 평가방법에 의하여 평가하여야 한다.

### • 코넥스 상장주식

코넥스시장에서 거래되는 주식은 비상장주식의 평가방법에 의하여
평가하여야 한다. 따라서 해당 주식의 매매가액으로 평가하되 만일
매매가액으로 보는 시가가 없다면 증여세법상 비상장주식의 보충적
평가방법에 의하여 평가한다.

## 〈금융재산 증여시 평가방법〉

| | 평가대상재산 | | 보충적 평가방법에 의한 평가금액 |
|---|---|---|---|
| 금융재산 | 현금 | | 현금액 |
| | 예금·적금 | | 예입금액 + 미수이자 - 원천징수금액 |
| | 채권 | | • 거래소에서 거래되는 경우: 직전 2개월간의 최종시세가격 평균액과 최종시세가액 중 큰 금액<br>• 기타의 경우: 매입가액이나 처분예상가액 |
| | 펀드 | | 기준가격, 기준가격이 없으면 환매가격 또는 가장 가까운 기준가격 |
| | 상장<br>주식 | 코스피·코스닥 | 4개월간 종가평균금액 |
| | | 코넥스·K-OTC | 순손익가치와 순자산가치를 고려 하여 평가한 가액 |

**증여로 금융소득 종합과세 영향은?**

금융자산 증여로 금융소득 종합과세를 회피할 수 있어

## 금융소득 종합과세

### · 금융소득 종합과세제도란?

금융소득 종합과세란 개인별로 연간 이자소득과 배당소득 합계액이 2천만원을 초과하는 경우 금융소득을 다른 종합소득과 합산하여 종합소득세율로 소득세를 과세하는 것을 말한다. 만일 금융소득이 2천만원 이하라면 종합소득세 신고대상이 아니며, 비과세대상이나 분리과세대상(예: 비과세 종합저축의 이자·배당소득이나 세금우대종합저축 또는 조합출자금의 배당)인 경우에는 금융소득종합과세대상에서 제외된다.

### · 납부할 세액은?

금융소득을 종합과세되는 경우의 산출세액과 종합과세되지 않았을 경우의 금융소득의 원천징수세액을 서로 비교하여 둘 중에 큰 금액을 산출세액으로 한다. 한편 Gross-up 대상 배당소득이 포함되어 있는 경우 산출세액에서 배당세액공제금액을 공제한다.

## 금융재산 증여시 과세효과

부모가 소유하고 있는 금융재산을 자녀에게 증여하면 부모의 금융소득은 감소하고, 자녀의 금융소득은 늘어나게 된다. 따라서 종합소득을 과세함에 있어 부모가 연간 금융소득이 많아 상대적으로 높은 세율을 적용받는 상황에서 이보다 낮은 세율을 적용받은 자녀에게 금융재산을 증여한다면 증여로 인하여 종합소득세 절세효과가 발생할 수 있다.

**사례 보기**

20억원 상당의 정기예금을 소유하는 父가 1/2을 소득이 전혀 없는 子에게 증여하였을 경우 父와 子의 종합소득세 변화는?
- 父는 이자소득 6천만원, 사업소득 2억원이 있음
- 父의 소득공제액은 5백만원이며 세액공제는 1백만원이라고 가정함

예금 10억원을 父가 子에게 증여 시 증여 전·후의 종합소득세는 다음과 같다.

단위: 천원

| 구분 | 증여 이전 | 증여 이후 | | |
|---|---|---|---|---|
| | 父 | 父 | 子 | 계 |
| 이자소득 | 60,000 | 30,000 | 30,000 | 60,000 |
| 사업소득 | 200,000 | 200,000 | 0 | 200,000 |
| 종합소득금액 | 260,000 | 230,000 | 30,000 | 260,000 |
| 소득공제 | 5,000 | 5,000 | 5,000 | 10,000 |
| 과세표준 | 255,000 | 225,000 | 25,000 | 250,000 |
| 세율 | 38% | 38% | 15% | |
| 산출세율 | 72,700 | 61,300 | 4,200 | 65,500 |
| 세액공제 | 1,000 | 1,000 | 1,000 | 2,000 |
| 결정세액 | 71,700 | 60,300 | 3,200 | 63,500 |

## 05 금융재산을 증여하면 상속세 영향은?

*금융재산을 증여 후 10년 이후 상속시 증여효과가 커*

### 10년 내 사전증여재산은 상속세 과세함

상속세 계산시 상속개시일 전 10년 이내에 피상속인이 상속인에게 생전증여 하였거나 5년 이내에 피상속인이 상속인이 아닌 자에게 생전증여 하였다면 피상속인의 상속세 계산과정에서 그 사전증여금액은 상속재산가액에 합산하여 계산하여야 한다. 아울러 상속세 계산시 사전증여한 재산가액이 있는 경우 상속재산에 가산한 증여재산에 대한 증여세액은 상속세에서 공제한다.

| 구분 | 5년 내 사전증여 | 10년 내 사전증여 | 10년 이후 사전증여 |
|---|---|---|---|
| 상속인(배우자·자녀) | 합산 ○ | 합산 ○ | 합산 × |
| 기타(손자·며느리·제3자) | 합산 ○ | 합산 × | 합산 × |

## 사전증여로 인한 상속세 절감액

자녀나 배우자에게 사전증여하면 증여 이후의 증여재산의 가치 상
승분과 운용수익은 수증자에게 귀속된다. 그러나 상속세 계산시 증
여일로부터 10년 이상 생존한다면 상속시 사전증여재산가액은 합산
되지 않고 증여일로부터 10년 이내네 상속한다면 합산되므로 금융재
산의 사전증여로 인한 상속세 절세금액은 다음의 산식과 같다.

| 구분 | 사전증여로 인한 상속세 과세가액 감소액 |
|---|---|
| 증여 후 10년 이후 상속하면 | 증여 당시 증여재산가액 + 증여 후 증여재산의 가치상승분 + 증여 이후 증여재산에서 발생하는 운용소득 합계액 |
| 증여 후 10년 이내 상속하면 | 증여 후 증여재산의 가치상승분 + 증여 이후 증여재산에서 발생하는 운용소득 합계액 |

## 금융재산상속공제도 감안해야

상속세 계산시 상속개시일 현재 상속재산가액 중 순금융재산 가액
(금융재산에서 금융채무를 뺀 가액)이 있으면 그 금액의 20%에 상당하는
금액을 최대 2억원까지 공제한다. 따라서 금융재산을 사전증여함으
로써 상속시 공제 가능한 금융상속공제금액이 감소하는 효과가 발생
할 수 있으므로 금융재산 증여시 이를 추가적으로 고려해야 한다.

〈금융재산상속공제금액〉

| 순금융재산가액 | 금융재산상속공제액 |
|---|---|
| 2천만원 이하 | 순금융재산가액 × 100% |
| 2천만원 초과 ~ 1억원 이하 | 2천만원 |
| 1억원 초과 ~ 10억원 이하 | 순금융재산가액 × 20% |
| 10억원 초과 | 2억원 |

**상장주식 증여 후 양도소득세 영향은?**

*상장주식을 일정 이상 보유 후 양도하면 양도세를 부담해야*

## 양도세가 과세되는 경우

주권상장법인의 대주주가 양도하는 경우나 장외거래를 통하여 매매하는 경우는 양도소득세 과세대상이 된다. 반면에 대주주가 아닌 소액주주가 장내에서 상장주식을 매매하면 양도소득세 과세대상이 아니다. 여기서 과세되는 대주주의 범위는 지분율 기준과 시가총액 기준을 가지고 판정하며, 2가지 기준 둘 중 하나만 해당되어도 대주주에 해당한다.

**• 지분율기준**

주주 1명과 특수관계인이 양도일이 속하는 사업연도의 직전사업연도 종료일 현재 또는 양도일 현재 다음의 일정한 지분율 이상의 소유한 경우는 대주주기준에 해당한다.

| 구분 | 코스피시장 | 코스닥시장 | 코넥스시장 |
|---|---|---|---|
| 지분율 | 1% 이상 | 2% 이상 | 4% 이상 |

## • 시가총액기준

주주 1명과 특수관계인이 양도일이 속하는 사업연도의 직전사업연도 종료일 현재 주주가 소유하고 있는 해당 법인의 주식 등의 시가총액이 일정 금액 이상의 소유한 경우는 대주주에 해당한다.

| 구분 | | 코스피시장 | 코스닥시장 | 코넥스시장 |
|---|---|---|---|---|
| 보유주식 시가총액 | ~20.03.31.이전 양도 | 15억 이상 | 15억 이상 | 10억 이상 |
| | 20.04.01~21.03.31. 양도 | 10억 이상 | 10억 이상 | 10억 이상 |
| | 21.04.01.이후 양도 | 3억 이상 | 3억 이상 | 3억 이상 |

## 양도세 과세방법

상장주식의 양도소득세는 양도가액에서 증여 당시 증여가액 등을 차감하고 양도소득세율을 곱하여 계산한다.

| **양도가액** | 실지거래가액 |
|---|---|
| (-) 취득가액 | 증여 당시 증여가액(신고가액) |
| (-) 필요경비 | 증권거래세, 양도비용 등 실제경비 |
| **양도소득금액** | |
| (-) 양도소득기본공제 | 연간 250만원 |
| **양도소득과세표준** | |

| 적용할 세율 | | | 대주주 | 소액주주 |
|---|---|---|---|---|
| 대기업 주식 | 1년 이상 보유 | 3억원 이하 | 20% | 20% |
| | | 3억원 초과 | 25% | 20% |
| | 1년 미만 보유 | | 30% | 20% |
| 중소기업 주식 | | 3억원 이하 | 20% | 10% |
| | | 3억원 초과 | 25% | 10% |

(×) 세율

**산출세액**

||

**자진납부할 세액**   지방소득세 10% 별도 과세

## • 증여받은 상장주식의 취득가액은?

유가증권시장과 코스닥시장에서 거래되는 주권상장법인의 주식은 평가기준일 이전·이후 각 2개월 동안 공표된 매일의 거래소 최종시세가액의 평균액으로 평가한다. 그러나 유가증권시장과 코스닥시장에서 거래되는 주식 중에 평가기준일 전후 2개월 이내에 매매거래가 정지되거나 관리종목으로 지정된 기간의 일부 또는 전부가 포함되는 경우는 비상장주식의 보충적 평가방법에 의하여 평가하여야 한다. 한편 코넥스 시장에서 거래되는 주식은 비상장주식의 평가방법에 의하여 평가하여야 한다.

## • 장기보유특별공제 적용 여부

상장주식 양도시 장기보유특별공제는 적용하지 않는다.

## 증권거래세도 추가납부 해야

상장주식을 양도하면 그 주권의 양도가액에 다음의 세율을 곱하여 증권거래세로 납부하여야 한다. 그러나 향후 증권거래세는 적용세율을 점차 단계적으로 낮추어 궁극적으로 주식의 양도소득세에 흡수될 예정이다.

| 구분 | 코스피시장 | 코스닥시장 | 코넥스시장 |
|------|-----------|-----------|-----------|
| 증권거래세 세율 | 0.25%(농특세 0.15 포함) | 0.25% | 0.1% |

# 07 금융재산별 절세 체크 포인트
## – (1) 예금·펀드

*예금 · 펀드 증여시 소득세와 상속세 미치는 효과 따져 봐야*

예금이나 펀드의 증여는 현금화하기 쉽고 부동산처럼 별도의 등기 절차 없이 간단하게 명의변경이 가능하므로 부동산 증여 다음으로 선호하는 증여대상이다.

## 증여세의 경우

증여세법에서는 예금, 펀드나 채권의 금융재산에 대하여 평가방법을 각각 열거하고 있다. 실무적으로 금융재산 증여시 계좌명의 자체를 증여자에서 수증자로 변경하는 것이 가능하다면 증여세법상 평가방법에 의하여 평가하지만 명의변경이 불가능한 경우라면 증여자 계좌에서 인출하여 수증자의 계좌로 입금하는 형태가 되므로 결과적으로 현금을 증여하는 것과 같은 결과가 된다. 아울러 증여일 전 10년 이내에 동일인(증여자가 직계존속인 경우에는 그 직계존속의 배우자를 포함)으로부터 받은 증여재산가액은 증여세 계산시 합산한다.

## 종합소득세의 경우

이자소득과 배당소득 중 비과세소득 및 분리과세이자 또는 배당소득을 제외한 소득의 합계액이 2천만원을 초과(금융소득 종합과세 기준금액)하는 경우 이자소득과 배당소득은 종합소득에 합산하여 계산한다. 따라서 금융재산 증여시 증여자와 수증자에게 금융소득 종합과세에 영향을 줄 수 있다.

## 상속세의 경우

예금이나 펀드를 사전증여하고 증여자가 사망하여 상속세 계산하는 경우 증여자가 증여일로부터 10년(상속인이 아닌 경우 5년) 이상 생존한다면 상속시 사전증여재산가액은 합산되지 않으며, 만일 증여일로부터 10(5)년 이내에 상속한다면 증여재산을 합산하여 계산한다. 따라서 예금이나 펀드 증여로 인한 상속세 절감효과는 증여 이후 상속시점이나 수증자가 누구인지에 따라 달라진다.

# 08 금융재산별 절세 체크 포인트 – (2) 상장주식

*상장주식 증여시 4개월간의 종가평균에 의하여 평가함*

상장주식을 증여하려면 증여자 증권계좌에서 수증자의 증권계좌로 이체하는 형태로 가능한데 상장주식 증여시 각 단계별로 증여자와 수증자에게 과세효과가 달라진다.

## 증여세의 경우

유가증권시장과 코스닥시장에서 거래되는 주권상장법인의 주식은 평가기준일 이전·이후 각 2개월 동안 공표된 매일의 거래소 최종시세가액의 평균액으로 평가한다. 그러나 유가증권시장과 코스닥시장에서 거래되는 주식 등 중에서 평가기준일 전후 2개월 이내에 매매거래가 정지되거나 관리종목으로 지정된 기간의 일부 또는 전부가 포함되는 경우나 코넥스 시장에서 거래되는 주식은 비상장주식의 평가방법에 의하여 평가하여야 한다. 아울러 증여일 전 10년 이내에 동일인(증여자가 직계존속인 경우에는 그 직계존속의 배우자를 포함)으로부터 받은 증여재산가액은 증여세 계산시 합산한다.


## 종합소득세의 경우

이자소득과 배당소득 중 비과세소득 및 분리과세이자 또는 배당소득을 제외한 소득의 합계액이 2천만원 이하인 경우 이자소득과 배당소득은 종합소득에 합산하여 계산한다.


## 상속세의 경우

상장주식을 사전증여 하고 증여자가 사망하여 상속세 계산하는 경우 증여자가 증여일로부터 10년(상속인이 아닌 경우 5년) 이상 생존한다면 상속시 사전증여재산가액은 합산되지 않으며, 만일 증여일로부터 10(5)년 이내에 상속한다면 증여재산을 합산하여 계산한다.

> **참고** 최대주주의 주식할증평가제도
>
> 최대주주가 보유한 주식을 평가하는 경우 20%(50% 초과 소유시 30%)를 할증하여 평가한다. 다만 중소기업 주식과 3년간 계속 결손인 법인 등은 할증평가대상에서 제외한다.

## 양도소득세의 경우

상장주식을 증여받은 이후에 증여받은 자가 주권상장법인의 대주주(세법상 대주주 기준을 말함)인 상태에서 증여주식을 양도하는 경우나 장외거래를 통하여 매매하는 경우는 양도소득세 과세대상이 된다. 반면에 대주주가 아닌 소액주주가 장내에서 주식을 매매하면 양도소득세 과세대상에서 제외된다.

# 금융재산별 절세 체크 포인트 – (3) 보험·신탁

*보험료 대납하거나 신탁수익자를 타인으로 지정시 증여로 봄*

부모가 자녀 명의의 보험계약의 보험료를 대신 부담하거나 부모 명의의 보험계약을 자녀의 명의로 변경하였을 경우 또는 부모의 재산을 금융기관에 신탁하고 신탁 수익자를 자녀로 지정하였을 경우 과연 증여세 과세 문제는 어떻게 될까?

## 보험의 증여

보험료를 대신 납부한 경우라면 납입한 보험료 자체를 증여한 것으로 보아 증여세를 과세하는 것이 원칙이며, 아울러 보험사고가 발생한 경우에 보험금 자체를 증여한 것으로 보아 증여세 과세가 가능하다.

### • 현금증여 후 보험료를 납부하는 경우

보험계약 이전 또는 이후에 보험금 수취인이 재산을 증여받아 보험료를 불입한 경우에 그 보험료를 증여한 것으로 본다.

## • 보험료를 대신 납부하는 경우

보험계약기간 중에 다른 보험계약자를 위하여 보험료를 대신 납입한 경우에는 그 보험료를 증여한 것으로 본다.

## • 보험금을 지급하는 경우

보험금 수령인과 보험료 납부자가 다른 경우나 보험계약 기간에 보험금 수령인이 재산을 증여받아 보험료를 납부한 경우 생명보험이나 손해보험에서 보험사고(만기보험금 지급의 경우를 포함)가 발생하였다면 해당 보험사고가 발생한 날에 증여한 것으로 본다. 여기에서 증여로 보는 금액은 보험금 수령인과 보험료 납부자가 다른 경우(보험금 수령인이 아닌 자가 보험료의 일부를 납부한 경우를 포함)에는 보험금 수령인이 아닌 자가 납부한 보험료 납부액에 대한 보험금 상당액으로 하며, 보험계약 기간에 보험금 수령인이 재산을 증여받아 보험료를 납부한 경우라면 증여받은 재산으로 납부한 보험료 납부액에 대한 보험금 상당액에서 증여받은 재산으로 납부한 보험료 납부액을 뺀 가액으로 한다.

## • 계약자 · 수익자를 변경하는 경우

보험계약자 및 보험수익자의 명의가 변경되었다고 하더라도 보험사고 발생시에 보험금상당액을 증여받은 것으로 본다. 그러나 즉시납연금의 경우 보험금 납입 후 보험금 지급개시 전에 보험계약(수익)자를 변경한 경우라면 실제로 명의변경시점에 납입금액을 증여한 것으로 본다.

# 신탁의 증여

신탁계약에 의하여 위탁자가 타인을 신탁의 이익의 전부 또는 일부를 받을 수익자로 지정한 경우로서 원본 또는 수익이 수익자에게 실제 지급되는 날에 해당 신탁의 이익을 받을 권리의 가액을 수익자가 증여받은 것으로 본다.

## 사례 보기

父가 子를 수익자로 하여 10억원을 금융기관에 금전신탁 하였을 경우 증여세 과세는?
- 신탁조건: 5년간 신탁수익으로 연 2.5% 이자를 매달 지급하기로 함.
- 금전신탁 종료 이후 신탁원금은 子에게 지급하기로 함.

### 해설

**1. 신탁수익의 증여**
신탁수익이 여러 차례로 나누어 지급하는 경우 수익이 최초로 지급되는 날을 증여시기로 하고 연 수익금액을 연 3%의 이자율을 할인하여 계산한 현재가치로 평가한 금액을 합하여 증여세 과세함.

**2. 신탁원금의 증여**
신탁원금이 종료되는 시점인 5년 이후에 원금 10억원을 父에서 子로 증여한 것으로 보아 증여세 과세함.

## ⑩ 금융재산 증여시 신고누락 문제가 될까?

*증여누락 사실이 드러나면 본세 와 고율의 가산세 부과돼*

막상 금융재산을 증여하기로 결정하고 나면 과연 증여세 신고를 반드시 해야 하는가? 하는 생각이 들곤 한다. 그도 그럴 것이 주변에서 보면 자녀가 집을 구입할 때 일부 도움을 주거나 자녀가 경제적으로 어려울 때 자금을 송금해도 과세당국에 증여세 추징당했다는 사례가 그렇게 많이 있지 않기 때문이다. 그 수많은 금융거래를 과세당국에서 일일이 다 파악한다는 것은 불가능한 상황에서 나만 정직하게 신고하는 것이 왜인지 손해 보는 것 같은 생각이 들기도 하고 마음이 괜히 복잡해진다.

### 과세당국은 어떻게 증여사실을 파악할까?

#### • 이자 · 배당지급명세서

과세당국에서는 금융기관으로부터 제출받은 이자소득 또는 배당소득에 대한 지급명세서를 증여재산의 확인이나 조세탈루의 혐의 자료의 확인 용도로 이용한다.

## • 자금출처조사

부동산을 취득한 경우 과세당국은 서면검토 등에 의하여 그 재산을 취득한 자의 직업 · 성별 · 연령 · 소득 및 재산 상황 등으로 보아 자력으로 취득하였다고 인정하기 어려울 때에는 자금출처조사를 하여 증여 여부를 따지게 된다.

## • 세무조사시 파생자료

증여세 조사가 아니더라도 상속세나 소득세 등의 세무조사과정에서 금융거래조사를 하다 보면 증여사실이 드러나는 경우가 많은데 이 경우 관련 자료에 따라서 증여세를 추징되는 경우가 있다.

## • 세원정보 분석 · 수집 활동

과세당국에서는 평소에 납세자의 세금신고나 「과세자료의 제출 및 관리에 관한 법률」 또는 지급명세서 등의 원천징수의무 등의 협력의무를 통하여 방대한 분량의 과세 관련 자료를 국세통합시스템(NTIS) 전산망에 DB를 축적하고 있다. 이러한 자료를 가지고 소득-지출분석시스템(PCI) 등의 내부분석을 통하여 증여사실을 파악하기도 하며, 탈세제보 자료나 세원동향 자료, 세무공무원의 일상정보에 수집되는 밀알 정보 등의 각종 외부자료를 가지고 증여사실을 파악하기도 한다.

## • 금융정보분석원(FIU)

금융정보분석원(FIU)은 금융기관에서 수집된 고액현금 거래나 의심거래 등의 정보에 대하여 검찰청 · 국세청 · 관세청 · 경찰청 등에 제공하기 위하여 설립된 기관이다. 금융기관은 1천만원 이상의 현금의 입출금거래(CTR) 또는 금융거래와 관련하여 수수한 재산이 불법재산이라고 의심되는 거래(STR)에 대해서 이를 FIU에 보고하도록 강제하고 있다.


## 증여세를 과세할 수 있는 기간은?

만일 증여세 신고를 하지 않은 상황에서 얼마의 기간을 버티면 과세당국에서 과세할 수 없을까? 이를 증여세의 국세부과권의 제척기간이라고 하는데 증여세의 경우 부과제척기간은 무신고 15년, 과소신고 10년으로 다른 세금(예: 소득세는 무신고 7년, 과소신고 5년)보다 무척이나 길다.


## 발각되면 본세는 물론 가산세는 각오해야

만일 증여세 세무조사 결과로 증여세가 결과적으로 추징된다면 10~40% 수준의 신고불성실가산세와 연 9.125% 수준의 납부불성실가산세가 증여세에 더해져서 부과된다. 한편 면세점 이하라도 일단 증여세 신고를 해 두면 증여 이후 수증자가 재산을 취득할 때 증여신고 금액을 자금출처로 인정받을 수 있다는 장점도 존재한다.

# PART 3

# 증여절세 Point 이해하기 III
## 비상장주식 편

**비상장주식 증여시
반드시 알아야 할 사항**

비상장주식 증여시 증여목적과 세금효과를 면밀히 검토해야

## 비상장주식의 증여상 특징은?

### • high risk-high Return

비상장주식의 경우 부동산이나 금융재산에 비해 증여결정 자체를 주저하는 경우가 많다. 왜냐하면 비상장주식은 다른 재산에 비해 환가성이 떨어지고 비상장주식 보유로 인한 배당소득이나 양도로 인한 양도소득의 수익원 확보가 불확실하며 양도시 양도소득세나 증권거래세의 이전비용을 부담하여야 하므로 수증자 입장에서 그리 매력적인 증여물건은 아니기 때문이다. 반면에 비상장주식을 보유하면서 경영권을 행사할 수 있는 상황에서 법인이 초과 수익력을 갖고 있다면 비상장주식의 소유자는 회사 수익을 독점할 수 있다는 장점이 있다.

### • 결코 만만치 않은 비상장주식 가치평가액

비상장주식은 원칙적으로 매매가액에 의하여 평가하지만 매매가액이 없는 경우에는 증여세법상 과거 3년간의 수익가치와 자산가치를 가중평균금액으로 평가한다. 그런데 수익가치 산정은 과거 가치를

기초로 계산하고 과거 3년간의 1주당 순이익의 10배에 상당하는 금액으로 산출하다 보니 생각보다 만만치 않은 금액이 산출되는 경우가 많다.

## • 비상장법인은 CEO가 많은 비중을 차지해

중소기업은 자체 시스템에 의하여 운영되기보다는 CEO 개인역량으로 운영되는 경우가 대부분이므로 갑작스러운 CEO 부재는 자칫 회사의 존폐까지 걱정해야 하는 상황까지 이어질 수 있다. 설령 이러한 경우라도 상속세나 증여세 신고는 상속 또는 증여시점을 기준으로 평가하여야 하므로 최악의 경우 휴지가 된 법인주식에 고액의 세금만 부담하는 결과가 될 수 있다. 즉 비상장주식이 가지고 있는 CEO의 의존성이 비상장주식의 리스크 중 하나인 것이다.

## • CEO로서 이익을 실현하는 4가지 방법

중소기업 CEO는 주식을 소유함으로써 법인의 투자자로서의 지위와 회사 경영권을 가진 사용자로서의 지위를 동시에 가지고 있다. 이에 CEO로서 법인의 이익을 개인소득으로 실현하는 방법에는 법인의 투자자로서 배당을 받는 방법 또는 보유주식의 매도 · 상속 · 증여하는 방법과 회사의 경영자로서 근로소득 또는 퇴직소득을 지급받는 방법이 있다.

## • 증여목적이 무엇인지 먼저 생각해야

비상장주식을 증여하기 전에 과연 비상장주식의 증여로 얻고자 하는 것이 무엇인지를 곰곰이 따져 볼 필요가 있다. 만일 자녀에게 사업을 승계할 생각이라면 가업상속공제나 가업승계에 대한 증여세 과세특례제도를 활용하여 사업승계에 대한 장기간의 계획이 필요하며, 단지 증여를 통하여 자녀에게 배당소득이나 근로소득을 귀속시키는 것이 목적이라면 증여시 과세효과를 면밀히 살펴볼 필요가 있다.

## 증여세·소득세·상속세·양도세 등에 영향

일정 이상 비상장주식을 증여받은 수증자는 증여세를 부담하여야 한다. 한편 비상장주식을 보유함으로써 발생하는 종합소득세가 증여자는 감소하고, 수증자는 증가한다. 아울러 비상장주식을 증여하면 증여자는 상속세가 감소할 수 있으며, 수증자는 양도소득세나 상속세는 증가한다.

## 명의개서절차를 밟아야

비상장주식을 증여하려면 증여계약서를 작성하고 증여사실을 발행회사에 통보하여 명의개서절차를 거쳐야 한다. 증여자는 증여로 인하여 증권거래세 신고는 별도로 할 필요는 없으며, 비상장법인은 법인세 신고와 함께 주식변동상황명세서에 증여를 원인으로 주식변동사실을 기재하여 신고하여야 한다.

## 비상장주식 증여시 알아야 할 사항

- 비상장주식 증여는 장단점이 있으므로 증여 전 이를 고려하여 한다.
- 일정이상 금액의 비상장주식을 증여하면 수증자는 증여세를 부담한다.
- 시가로 평가하되 시가가 없는 경우 보충적 평가방법으로 평가한다.
- 비상장주식을 증여하면 금융소득종합과세에 영향을 미칠 수 있다.
- 증여 후 10년 내 상속이 발생하면 증여가액을 상속세에서 합산한다.
- 증여한 비상장주식 양도하면 양도세 과세된다.
- 자녀에게 사업승계시 가업승계 증여세 과세특례를 적용받을 수 있다.
- 자녀가 창업시 자금을 증여하고 과세특례를 적용받을 수 있다.

# 02 비상장주식 증여시 고려해야 할 세금은?

*비상장주식 증여시 취득 · 보유 · 처분단계에서 세금에 영향을 줘*

일정 금액 이상의 비상장주식을 증여받으면 증여받는 자는 증여세를 납부하여야 한다. 아울러 비상장주식에 대하여 배당이 발생하면 금융소득종합과세에 영향을 줄 수도 있고 증여받은 비상장주식을 추후에 양도하거나 상속할 때 증여자와 수증자가 각각 부담하여야 할 세금이 증여 이전과 비교하여 달라지게 된다.

## 취득 · 보유 · 처분단계 세금 달라져

### • 증여세 과세

일정 금액 이상의 비상장주식을 증여받으면 증여받는 자는 증여세를 납부하여야 한다. 이 경우 해당 증여일 전 10년 이내에 동일인(증여자가 직계존속인 경우 그 직계존속의 배우자를 포함)으로부터 받은 증여재산가액을 합친 금액이 1천만원 이상인 경우 그 가액을 증여세 과세가액에 합산한다.

• **종합소득세 과세**

　이자소득과 배당소득 중 비과세소득 및 분리과세이자 또는 배당소득을 제외한 소득의 합계액이 연간 2천만원을 초과하는 경우 이를 종합소득에 합산하여 계산한다. 따라서 비상장주식의 증여 이후 배당이 발생하면 증여자와 수증자에게 금융소득 종합과세에 영향을 줄 수 있다.

• **상속세 과세**

　상속세 계산시 상속개시일 전 10년 이내에 피상속인이 상속인에게 생전 증여하였거나 5년 이내에 피상속인이 상속인이 아닌 자에게 생전 증여하였다면 피상속인의 상속세 계산과정에서 그 사전증여금액은 상속재산가액에 합산하여 계산하여야 한다.

• **양도소득세 과세**

　비상장주식을 양도는 양도소득세 과세대상이다. 증여받은 금융재산의 양도소득세는 양도가액에서 증여 당시 증여가액 등을 차감하고 양도소득세율을 곱하여 계산한다.

〈비상장주식 증여시 단계별 고려할 세금〉

| 구분 | 취득단계 | 보유단계 | 처분단계 |
|---|---|---|---|
| 비상장주식 | 증여세[주] | 종합소득세 | 상속세 · 증여세<br>양도소득세 · 증권거래세 |

주) 증여의 경우 증권거래세는 부과되지 않음.

## 증여자·수증자의 세금 변화

일정 이상 비상장주식을 증여받은 수증자는 증여세를 부담하여야 한다. 한편 비상장주식에 배당소득이 발생하였다면 배당소득으로 인한 종합소득세는 증여자는 감소하고, 반대로 수증자는 증가한다. 아울러 비상장주식을 증여하면 증여자는 상속세가 감소할 수 있으며, 수증자는 양도 또는 상속단계에서 부담하는 양도소득세나 상속세는 증가한다.

〈비상장주식 증여로 인한 증여 전후 세금의 변화〉

| 구분 | 세목 | 증여로 인한 세금효과 | |
| --- | --- | --- | --- |
| | | 증여자 | 수증자 |
| 취득단계 | 증여세 | - | 발생 또는 증가 가능[주1] |
| 보유단계 | 종합소득세 | 감소[주2] | 증가 |
| 처분단계 | 양도소득세 | 소멸 | 발생 |
| | 상속세 | 감소 가능[주4] | 증가 |

주1) 증여일 전 10년 이내에 동일인(증여자가 직계존속인 경우에는 그 직계존속의 배우자를 포함)으로부터 받은 증여재산가액은 증여세 계산시 합산함. 따라서 당해 증여로 인하여 이미 동일인으로부터 10년 이내 증여가 있는 경우라면 합산과세됨.

주2) 비상장주식의 경우 증여로 인하여 금융소득이 감소함.

주3) 상속개시일 전 10년 이내에 피상속인이 상속인에게 증여한 재산가액이나 5년 이내에 상속인이 아닌 자에게 증여한 재산가액은 상속세 계산시 가산함. 즉 증여자가 증여 이후 10년 이후 사망시 상속재산에서 제외되며, 증여자가 증여 이후 10년 이내 사망시 상속재산에 포함되나 상속재산 평가는 증여 당시 가액으로 평가하므로 증여재산 평가가액이 상속시점에서 증여시점보다 상승(하락)하면 감소(증가)하는 효과가 있음.

주4) 증여재산은 수증자의 상속재산을 구성함.

## 03 비상장주식은 어떻게 평가하죠?

시가로 평가하고 시가가 없다면 보충적 평가방법으로 평가함

비상장주식은 원칙적으로 매매가액에 의하여 평가하지만 매매가액이 없는 경우 과거 3년간 수익가치와 자산가치를 가중평균금액으로 평가한다. 이 경우 증여자가 최대주주인지 여부와 법인업태가 부동산 과다보유 법인인지 여부나 3년 미만의 신설 법인인지 여부 등에 따라 그 평가방법이 달라진다.

### 시가평가 원칙

비상장주식은 증여일 전 6개월부터 증여세 신고기한까지 기간 동안에 매매가액이 존재하면 그 가액으로 평가한다. 아울러 증여일 이전 2년 이내의 기간 또는 증여세 신고기한 마감일로부터 6개월 이내 기간에 매매가액이 있는 경우 납세자나 관할 세무서장 등이 신청이 있는 경우에는 평가심의위원회의 심의를 거쳐 해당 매매가액을 포함시킬 수 있다.

Q. 특수관계인과의 비상장주식 거래금액도 시가로 인정되나?

A. 특수관계에 있는 자와 거래라 할지라도 객관적 교환가치가 적정하게 반영된 정상적인 거래라면 그 거래가격은 시가로 보며 일회성 거래라도 그 거래가 의도적인 조작거래가 아니고 그 거래가액이 객관적 교환가치가 반영된 것이라면 그 거래가액도 시가로 본다.

## 시가가 없다면 보충적 평가방법으로

비상장주식 평가시 시가로 보는 금액이 없다면 해당 법인의 순손익가치와 순자산가치를 고려하여 산출한 증여세법상 보충적 평가방법으로 평가한다. 이 경우 부동산과다보유 법인이나 3년 미만의 신설 법인인지 등에 따라 달리 평가한다.

### • 일반적인 경우

비상장주식의 1주당 평가금액은 1주당 순손익가치와 1주당 순자산가치를 각각 3와 2의 비율로 가중평균한 가액으로 평가한다. 다만 그 가중평균한 가액이 1주당 순자산가치에 80%를 곱한 금액보다 낮은 경우에는 1주당 순자산가치에 80%를 곱한 금액으로 평가한다.

### • 부동산과다보유 법인

부동산과다보유 법인이란 법인의 자산총액 중 부동산 등 가액이 차지한 비율이 50% 이상인 경우의 법인(예: 부동산임대 법인)을 말한다. 부동산과다보유 법인은 1주당 평가액 평가시 1주당 순손익가치와 1주당 순자산가치를 각각 2와 3의 비율로 가중평균한 가액으로 평가한다. 다만 그 가중평균한 가액이 1주당 순자산가치에 80%를 곱한 금액보다 낮은 경우 1주당 순자산가치에 80%를 곱한 금액으로 평가한다.

## • 사업 계속 곤란 등의 사유가 있는 법인

3년 미만의 신설법인이나 법인의 자산총액 중 부동산 또는 주식 등의 평가액이 차지하는 비율이 80% 이상인 경우 등은 순손익가치를 고려하지 않고 순자산가치로만 평가한다.

| 구분 | 비상장주식의 보충적 평가방법 |
|---|---|
| 일반적인 경우 | Max(①, ②)<br>① 순손익가치와 순자산가치를 3과 2의 비율로 가중평균한 가액<br>② 1주당 순자산가치 × 80% |
| 부동산과다보유 법인 | Max(①, ②)<br>① 순손익가치와 순자산가치를 2와 3의 비율로 가중평균한 가액<br>② 1주당 순자산가치 × 80% |
| 사업 계속 곤란<br>사유가 있는 법인 등 | 순자산가치로만 평가 |

## 최대주주의 주식할증평가

최대주주가 보유한 주식을 평가하는 경우 20%(50% 초과 소유시

30%)를 할증하여 평가한다. 다만 중소기업 주식과 3년간 계속 결손인 법인 등은 할증평가대상에서 제외한다.

### 재산평가심의위원회 평가신청

납세자가 재산평가심의위원회에 비상장주식 평가를 신청하는 경우 심의하여 제시하는 평가가액으로 평가가 가능하다.

## 04 증여로 종합소득세와 상속세는?

비상장주식을 증여시 소득세와 증여세에 영향을 줄 수 있어

### 비상장주식 증여와 종합소득세

만일 부모가 비상장주식을 자녀에게 증여 후 배당소득이 발생한다면 부모의 금융소득은 감소하고, 반면에 자녀의 금융소득은 늘어나 금융소득 종합과세에 영향을 미칠 수 있다.

### 비상장주식 증여와 상속세

**• 10년 내 사전증여재산은 상속세 과세함**

상속세 계산시 상속개시일 전 10년 이내에 피상속인이 상속인에게 생전증여 하였거나 5년 이내에 피상속인이 상속인이 아닌 자에게 생전증여하면 피상속인의 상속세 계산에서 그 사전증여금액은 상속재산가액에 합산하여 계산하여야 한다.

- **금융재산상속공제도 감안해야**

　비상장주식도 상속세 계산시 금융재산상속공제 대상에 해당하므로 사전증여를 하면 상속시 공제 가능한 금융상속공제금액이 감소하는 효과가 발생할 수 있다. 다만 최대주주가 보유하고 있는 주식은 금융재산상속공제 적용대상이 아니다.

## 05 비상장주식 증여 후 양도소득세 영향은?

증여 후 비상장주식 양도시 양도세와 증권거래세를 납부해야

비상장법인의 주식을 양도하는 경우는 대주주이건 소액주주이건 모두 양도소득세 과세대상이다.

### 양도세 과세방법

비상장주식의 양도소득세는 양도가액에서 증여 당시 증여가액 등을 차감하고 양도소득세율을 곱하여 계산한다.

| 양도가액 | 실지거래가액 |
|---|---|
| (-) 취득가액 | 증여 당시 증여가액(신고가액) |
| (-) 필요경비 | 증권거래세, 양도비용 등 실제경비 |
| 양도소득금액 | |
| (-) 양도소득기본공제 | 연간 250만원 |
| 양도소득과세표준 | |

|  | 적용할 세율 | | 대주주 | 소액주주 |
|---|---|---|---|---|
| 대기업 주식 | 1년 이상 보유 | 3억원 이하 | 20% | 20% |
| | | 3억원 초과 | 25% | 20% |
| | 1년 미만 보유 | | 30% | 20% |
| 중소기업 주식 | | 3억원 이하 | 20% | 10% |
| | | 3억원 초과 | 25% | 10% |

(×) 세율

| 산출세액 | |
|---|---|
| ‖ | |
| 자진납부할 세액 | 지방소득세 10% 별도 과세 |

## • 대주주의 범위는?

대주주의 범위는 지분율기준과 시가총액기준을 가지고 판정하며, 두 가지 기준 둘 중 하나만 해당되어도 대주주에 해당한다. 여기에서 지분율기준이란 주주 1명과 특수관계인이 양도일이 속하는 사업연도의 직전사업연도 종료일 현재 또는 양도일에 4% 이상 소유한 경우를 말하며, 시가총액기준이란 주주 1명과 특수관계인이 양도일이 속하는 사업연도의 직전사업연도 종료일에 주주가 소유하고 있는 법인의 주식 시가총액이 다음의 일정금액 이상의 소유한 경우를 말한다.

| 구분 | | 비상장주식의 대주주범위 |
|---|---|---|
| 벤처기업 주식 | | 40억 이상 |
| 벤처기업 이외의 주식 | ~20.03.31. 양도 | 15억 이상 |
| | 20.04.01~21.03.31.양도 | 10억 이상 |
| | 21.04.01.이후 양도 | 3억 이상 |

## • 증여받은 상장주식의 취득가액은?

비상장주식의 취득가액은 증여 당시 평가가액으로, 이는 시가에 의하여 평가하지만 시가가 없는 경우 증여세법상 과거 3년간의 수익가치와 자산가치를 가중평균금액으로 평가한다.

## 증권거래세도 납부해야

비상장주식을 양도하면 양도가액에 0.45%(2020.3.31. 이전에는 0.5%) 세율을 곱하여 증권거래세로 납부하여야 한다.

# 06 자녀에게 사업을 물려줄 생각이라면?

*자녀에게 사업을 승계하려면 증여세 과세특례제도도 고려해야*

2018년 중소기업중앙회의 기업실태조사 보고서에 의하면 69.8%의 응답자의 사업승계 과정에서 주된 어려움은 상속세 등 세금부담이라고 조사되고 있다. 이에 사업승계 과정에서 세금부담을 완화해 주기 위하여 상속세 계산에서 최대 5백억원까지 가업상속공제를 허용하고, 아울러 상속 전이라도 사업승계 목적으로 법인주식을 증여하는 경우 최대 1백억원까지 증여세과세특례 적용을 허용하고 있다.

## 가업승계에 대한 증여세 특례제도란?

60세 이상의 부모로부터 가업승계를 목적으로 해당 가업의 주식을 증여받고 가업을 승계한 경우 일반적인 증여세 계산방법에 불구하고 그 주식의 가액에 대한 증여세 과세가액(100억원 한도)에서 5억원을 공제하고 세율을 10%(30억원을 초과하는 경우 20%)으로 하여 증여세를 부과한다.

## 과세특례를 적용받기 위한 요건

가업승계에 대한 증여세특례제도를 적용받기 위해서는 가업 요건,
증여자 요건, 수증자 요건을 모두 충족해야 한다.

| | |
|---|---|
| 가업<br>요건 | • 가업의 영위기간이 10년 이상일 것<br>• 중소기업으로서 자산총액이 5천억원 미만일 것<br>• 중견기업으로 직전 3개 사업연도 매출액 평균이 3천억원 미만일 것 |
| 증여자<br>요건 | • 증여 당시 60세 이상인 부모(증여 당시 부모 사망시 조부모)일 것<br>• 10년 이상 실제 가업을 영위할 것<br>• 증여자는 해당 기업의 발행주식총수 등의 50%(거래소 상장법인의 경우 30%) 이<br>  상을 10년 이상 계속하여 보유한 최대주주일 것 |
| 수증자<br>요건 | • 증여 당시 18세 이상의 자녀일 것<br>• 증여세 신고기한까지 직접 가업에 종사할 것<br>• 증여일로부터 5년 이내에 대표이사에 취임할 것 |

## 과세특례 내용은?

일반적인 증여세 계산방법에 불구하고 증여주식의 증여세 과세가
액(100억원 한도)에서 5억원을 공제하고 세율을 10%(30억원 초과하는 경
우 20%)으로 하여 증여세를 부과한다. 다만 가업승계에 대한 증여세
과세특례를 적용받으면 상속세 계산과정에서 증여시기와 무관하게
증여가액을 합산과세한다.

| | |
|---|---|
| **증여세** | • 증여세 납부세액 계산<br>= (증여세과세가액- 5억원) × 10%(30억원 초과시 20%)<br>* 증여세 과세가액은 증여주식가액으로 100억원 한도로 함. |
| **상속세** | • 상속인에게 상속 전 10년 이내 기간의 사전증여만 합산하지만 과세특례 적용시 증여시기와 무관하게 합산과세함. |

## 엄격한 사후관리가 따른다

주식을 증여받은 자가 주식을 증여받은 날부터 7년 이내에 가업에 종사하지 아니하거나 가업을 휴 · 폐업하는 경우 또는 증여주식의 지분이 줄어드는 경우 등 사후관리요건을 위반하는 경우 이자상당액을 추가하여 증여세를 추징한다.

## 과세특례가 무조건 유리한 것만은 아냐

부모가 가업승계에 대한 증여세 과세특례제도를 이용하여 주식을 증여하는 경우 사업승계 과정에서 발생할 수 있는 상속 갈등을 미리 대비할 수 있고 주식가치 평가를 증여 당시 가액으로 저율의 세율로 과세하기 때문에 주식가치가 낮은 시점에서 증여하면 절세효과를 볼 수 있다. 그러나 이 제도를 적용하면 상속세 계산시 상속시점이 증여 이후 10년 이후라 할지라도 합산하여야 하므로 경우에 따라서는 세금 측면에서 불리할 수도 있다. 따라서 제반 여건을 면밀히 사전 검토하여 과세특례규정을 적용 여부를 판단하여야 한다.

Q. 가업상속공제와 중복적용 가능한가?

A. 증여세 특례대상인 주식 등을 증여받은 후 상속이 개시되는 경우 상속개시일에 가업 기준에 해당하고 수증자가 증여받은 주식 등을 처분하거나 지분율이 낮아지지 아니한 경우로서 가업에 종사하거나 대표이사로 재직하고 있다면 가업상속공제 적용이 가능하다.

# 07 자녀가 사업을 새로 창업하려 한다면?

*자녀 창업시 필요자금을 증여하면 과세특례규정이 적용됨*

자녀가 창업하기 위하여 자금이 필요한 경우 부모가 자녀에게 창업자금을 증여하더라도 저율의 세율을 적용하여 증여세를 과세하도록 하고 있다.

## 창업자금에 대한 증여세 특례제도란?

거주자가 일정한 업종을 영위하는 중소기업을 창업할 목적으로 60세 이상의 부모로부터 토지 · 건물 등의 양도소득세 과세대상 재산을 제외한 재산을 증여받는 경우에는 일반적인 증여세 계산방법에도 불구하고 해당 증여받은 재산의 가액 창업자금(최대 50억원 한도)에 대해서는 증여세과세가액에서 5억원을 공제하고 세율을 10%로 하여 증여세를 부과한다.

## 과세특례를 적용받기 위한 요건

창업자금에 대한 증여세특례제도를 적용받기 위해서는 창업요건, 증여재산요건, 증여자 요건, 수증자 요건을 모두 충족해야 한다.

| | |
|---|---|
| 창업요건 | • 창업자금을 증여받은 날로부터 1년 내 창업할 것<br>• 창업기업이 일정한 업종을 영위하는 중소기업에 해당할 것<br>• 증여일로부터 3년이 되는 날까지 창업자금을 모두 사용할 것 |
| 증여재산 요건 | 증여받은 재산이 양도소득세 과세대상(토지·건물·부동산에 관한 권리·주식 등)에 해당하지 않을 것 |
| 증여자 요건 | 직계존속으로서 60세 이상의 부모(증여 당시 부모가 사망한 경우 조부모 포함)가 증여할 것 |
| 수증자 요건 | • 증여 당시 18세 이상의 자녀일 것 |

## 과세특례 내용은?

일반적인 증여세 계산방법에 불구하고 해당 증여받은 재산의 가액 중 창업자금(30억원을 한도로 하되 창업을 통하여 10명 이상을 신규 고용한 경우에는 50억원)에 대해서는 증여세과세가액에서 5억원을 공제하고 세율을 10%로 하여 증여세를 부과한다. 다만 창업자금에 대한 증여세과세특례를 적용받으면 상속세 계산과정에서 증여시기와 무관하게 증여가액을 합산과세 한다.

| 증여세 | • 증여세 납부세액 계산<br>= (증여세과세가액 - 5억원) × 10%<br>* 증여세 과세가액은 30억원(창업을 통하여 10명 이상을 신규 고용한 경우에는 50억원) 한도로 함. |
|---|---|
| 상속세 | • 상속인에게 상속 전 10년 이내 기간의 사전증여만 합산하지만 과세특례 적용시 증여시기와 무관하게 합산과세함. |

## 엄격한 사후관리가 따른다

주식 등을 증여받은 자가 증여받은 날로부터 2년 내 창업하지 아니한 경우, 증여자금을 창업사업과 관련하여 사용하지 아니한 경우, 창업자금을 증여받은 날부터 4년이 되는 날까지 모두 해당 목적에 사용하지 아니한 경우, 창업 후 10년 이내에 해당 사업을 폐업하는 경우 등 사후관리요건을 위반하는 경우 이자상당액을 추가하여 증여세를 추징한다.

## 과세특례가 무조건 유리한 것만은 아냐

자녀가 창업하기 위하여 사업자금이 부족한 경우 창업자금의 증여세 과세특례제도를 활용하여 절세효과도 볼 수 있어 여러모로 유리한 제도이다. 그러나 이 제도를 적용하면 상속세 계산시 상속시점이 증여 이후 10년 이후라 할지라도 합산하여야 하므로 경우에 따라서는 세금 측면에서 불리할 수도 있다는 점을 고려하여 과세특례제도를 활용해야 한다.

**사례 보기**

Q. 가업승계에 대한 증여세 과세특례와 중복적용 가능한가?

A. 중복 적용이 되지 않으므로 둘 중 하나를 선택해야 한다.

## 08 자녀에게 개인사업체를 물려주려면?

*사업체를 물려주는 경우 영업권으로 보아 증여세 과세됨*

앞에서는 부모가 법인의 소유자로서 비상장주식을 증여하여 사업체를 증여하는 것에 대하여 주로 살펴보았는데, 만일 부모가 개인사업자로 사업을 영위하다가 자녀에게 미리 증여로 사업을 물려주는 경우 과세 문제가 어떻게 될까?

### 세법상 영업권은 소유재산으로 봄

증여세법에 의하면 개인사업체 자체를 증여받거나 공동사업체의 지분을 증여받는 경우에 그 사업체에서 세법상 초과이익이 발생한다면 초과이익금액에 대하여 평가기준일 이후의 지속연수를 감안하여 환산한 가액을 내부적으로 창출된 영업권으로 보아 증여재산에 포함하여야 한다.

#### • 사업체를 자녀명의로 변경하는 경우

예를 들어 부모 명의로 유명음식점을 운영하다가 이를 폐업하고 자녀에게 신규로 사업자등록을 하여 영업을 다시 개시하였다면 이는 자녀가 부모로부터 금전으로 환가할 수 있는 경제적 가치가 있는 유형·무형의 재산과 재산적 가치가 있는 법률상 또는 사실상의 권리를 무상으로 이전받은 것으로 보아야 하며 또한 재산가치의 증가에 따른 초과이익의 발생이 기대되므로 이를 영업권을 무상으로 이전받은 것으로 보아 증여세를 과세한다.

### · 父 → 父子, 父子 → 子로 변경하는 경우

그럼 위 사례에서 부모 명의로 유명음식점을 폐업하지 않고 자녀에게 공동사업자로 등록하여 같이 사업을 운영하면 어떻게 될까? 결과는 위와 비슷한데 자녀가 부모에게 영업권이 상당하는 금액을 지급하지 않거나 과소하여 지급하였다면 그 차이 부분만큼 증여세가 과세된다.

## 영업권 평가는 어떻게 하나?

개인사업체의 영업권 평가시 초과이익금액의 환산금액은 평가대상 개인기업의 초과이익이 영업권 지속연수(원칙적으로 5년으로 함) 동안 계속된다는 가정하에서 증여세법에서 정하는 다음의 방법에 의하여 평가한다.

영업권 평가액(초과이익금액의 환산금액) = 초과이득금액 × 3.79079

\* 초과이득금액= 순손익가치 × 50%- 자기자본 × 10%

# PART 4

# 내게 맞는
# 증여플랜
# 수립하기

# 증여플랜! 어떻게 접근할 것인가?

*증여플랜 수립시 부분을 보지 말고 전체를 보는 시각 필요해*

사람들이 증여를 생각하는 이유는 다양하다. 상속세를 줄이기 위해서, 다주택자의 양도세와 종합부동산세를 회피하기 위해서, 상속으로 인한 재산분배 갈등을 미리 대비하기 위해서, 경제적으로 어려운 자녀를 도와주기 위해서, 소유하고 있는 재산이 미래에 상승할 가능성이 높아 미리 자녀에게 주기 위해서 등등. 아울러 증여하는 사람의 소유재산 규모나 건강 상황도 각각 다른 상황이다. 이에 나에게 맞는 증여플랜을 짜기 위해서는 증여세는 물론 취득·보유·상속단계에 미치는 각 단계별 세금효과를 살펴보고 증여로 인해 다른 자녀에게 미치는 영향과 수증자의 증여 관련 비용 부담능력 등을 종합적으로 고려할 필요가 있다.

### 증여플랜 수립시 사전 고려사항은?

**• 증여세 최소화는 기본 중의 기본!**

증여를 누구에게? 언제? 무엇을? 얼마나? 어떻게? 하는가에 따라 증여세가 달라진다. 이에 증여자나 수증자에게 주어진 상황과 증여 니즈를 고려하여 증여세를 최소화하는 방향으로 증여플랜을 수립하여야 한다.

### • 부분만 보지 말고 전체를 보아야

증여받는 자는 일정 금액 이상을 증여받으면 증여세를 납부하여야 하고 아울러 증여재산이 부동산이라면 취득세도 납부하여야 한다. 아울러 증여로 인하여 증여자와 수증자가 각각 부담하여야 할 재산세나 종합부동산세, 임대로 인한 종합소득세 등의 보유단계의 세금과 증여 이후 상속할 때 부담하는 상속세 또한 달라진다. 따라서 증여전략을 수립함에 있어서 증여세는 물론 취득 · 보유 · 상속단계에 미치는 세금효과를 고려하여 구체적으로 증여대상자와 증여시기, 증여방법, 증여규모 등을 확정하여야 한다.

### • 증여 후 양도 · 상속 · 증여하면 세금효과 달라져

배우자 또는 직계존비속으로부터 증여받은 재산 중에 부동산이나 입주권 · 분양권을 5년 이내에 양도하여 양도소득세 계산시 양도소득의 필요경비 계산특례규정이 적용된다. 아울러 증여 이후 10년 이내에 증여자가 사망하거나 재차증여가 발생한다면 상속세나 증여세 계산에서 합산과세가 된다. 따라서 증여 이후 증여재산의 변동상황을 고려하여 증여플랜을 수립하여야 한다.

## • 증여받지 않는 자녀도 고려해야

자녀가 여러 명인 경우라면 증여받지 않는 자녀와의 재산분배와 관련한 갈등에 대해서도 미리 염두에 두어야 하고 아울러 생전증여가 다른 상속인의 유류분을 침해하지는 않는지에 대해서도 미리 고려하여야 한다.

## • 증여세 등의 부담능력이 되는지 살펴야

증여를 하면 증여세뿐만 아니라 부동산등기비용 등을 증여받는 자가 부담하여야 한다. 실제 실무에서 보면 증여를 하기로 결정하더라도 막상 증여세와 취득세가 생각마다 많이 나와 증여를 망설이는 경우를 많이 본다. 이에 증여세와 증여 관련 비용을 미리 고려하여 수증자가 이를 부담할 수 있을지 미리 살펴보아야 한다.

---

### 증여플랜 수립시 고려할 사항은?

- 나에게 맞는 최적의 절세전략으로 증여세를 최소화한다.
- 증여세는 물론 취득·보유·상속단계의 세금효과를 고려한다.
- 증여로 인한 자녀 간의 갈등 및 유류분 침해 여부를 고려한다.
- 부동산 등기이전비용이나 증여세의 부담능력을 고려한다.
- 증여 이후 증여재산의 활용계획을 증여플랜 수립 시 반영한다.

## 핵심증여플랜 전략

실제 나에게 맞는 증여플랜을 짜는 데 있어 활용 가능한 증여전략은 다음과 같다.

### ✓ 전략 1: 나누어 증여하라(Who)

증여 관련 세금은 초과누진세율을 채택하고 있고 세금을 계산할 때 개인별로 과세하고 과세시 각종 소득공제나 세액공제액을 허용함으로써 단독증여보다 분산증여를 하면 절세효과가 발생한다.

### ✓ 전략 2: 증여는 타이밍이다(When)

증여시기는 빠르면 빠를수록, 일시적으로 저평가된 시점에서, 오른 가격이 반영되기 전에, 10년마다 나누어 증여하면 절세효과가 발생한다.

### ✓ 전략 3: 최적의 증여물건을 찾아라(What)

보유재산 중 각 단계별로 절세효과가 큰 재산 또는 저평가된 자산을 증여하는 경우 절세효과를 볼 수 있다.

### ✓ 전략 4: 부담부증여를 활용하라(How to)

부담부증여시 비록 증여세와 양도소득세를 부담하지만 초과누진세율과 2개의 세금에서 각종 공제액이 적용됨으로 인하여 증여세만 부담하는 단순증여보다 세금부담이 줄어들 수 있다.

## ✓ 전략 5: 조세감면제도를 활용하라(tax benefits)

증여세법에서는 여러 가지 목적으로 증여세 비과세규정이나 감면 규정, 증여세 과세가액 불산입 규정 그리고 증여세 과세특례 규정을 두고 있다. 이러한 각종 조세감면 제도를 활용하여 절세할 필요가 있다.

## 02 핵심증여플랜 (1) 나누어 증여하라

*손자녀 · 며느리 · 사위에게 증여시 절세효과가 더욱더 커져*

'증여를 하려면 넓게 하라!'라는 말이 있다. 이는 증여받는 사람이 많으면 많을수록 절세효과가 극대화된다는 말인데 이하에서는 이에 대하여 살펴보자.

### 단독증여 vs 분산증여

만일 부모가 보유한 예금 1억원을 아들에게 증여하기로 결정하였다고 가정하자. 아들에게 1억원을 단독증여하는 경우 증여금액 1억원에서 증여재산공제 5천만원을 초과하는 금액은 증여세 부과가 불가피하다. 그런데 예금 1억원을 아들 5천만원, 며느리 1천만원, 미성년자인 손자 2명에게 각각 2천만원씩 나누어 증여하면 납부할 증여세는 없게 된다.

## 왜 나누면 절세가 가능할까?

### • 초과누진세율 구조

증여세 · 재산세 · 종합부동산세 · 종합소득세 · 양도소득세 · 상속세는 과세표준의 금액을 여러 단계로 구분하고 더 높은 단계로 올라감에 따라 점차적으로 각 초과단계마다 보다 높은 세율을 적용하는 초과누진세율을 채택하고 있으므로 증여를 통하여 과세표준을 낮추면 증여 이전보다 더 낮은 세율이 적용됨으로써 절세효과가 발생한다.

### • 개인별로 과세하고 각각 공제적용

증여세 · 종합소득세 · 양도소득세 · 상속세는 세금을 계산할 때 개인별로 과세하고 과세시 각종 소득공제나 세액공제액을 허용함으로써 절세효과가 발생한다.

## 세금별로 분산증여 효과는?

### • 취득세의 경우

부동산 증여시 부담하는 취득세는 4% 단일세율이므로 분산증여로 인한 취득세 절세효과는 없다.

Q. 주택을 지분으로 나누어 부담부증여 증여시 취득세 적용은?

A. 주택의 부담부증여시 취득세 세율은 주택가액에 따라 적용할 세율이 각각 다른데 이 경우 취득지분의 가액에 따른 취득세율을 적용하는 것이 아니라, 그 전체 가액에 따른 취득세율을 적용하고 지분율을 곱하여 계산하므로 분산증여로 인한 절세효과는 없다.

## • 증여세의 경우

증여재산공제가 수증자별로 허용되고 증여세 세율은 5구간별로 10~50%의 초과누진세율 구조여서 분산증여로 인한 증여세 절세효과가 발생한다.

사례 보기

2억원 상당의 선산인 임야를 장남에게만 증여하는 경우와 장남과 차남에게 50%씩 나누어 증여했을 경우 증여세는(선증여는 없음)

해설

단위: 천원

| 구분 | 장남 | 장남 + 차남 | | |
|---|---|---|---|---|
| | | 장남 | 차남 | 계 |
| 증여재산가액 | 150,000 | 100,000 | 100,000 | 200,000 |
| 증여재산공제 | 50,000 | 50,000 | 50,000 | 100,000 |
| 과세표준 | 150,000 | 50,000 | 50,000 | 100,000 |
| 세율 | 20% | 10% | 10% | |
| 산출세율 | 20,000 | 5,000 | 5,000 | 10,000 |

## • 재산세의 경우

종합합산대상 토지나 별도합산대상 토지 또는 주택(별장은 제외)의 경우 초과누진세율 구조여서 분산증여로 인한 재산세 절세효과가 발생하지만 분리과세대상 토지나 건축물 또는 별장은 단일세율구조라서 분산증여로 인한 재산세 절세효과가 발생하지 않는다.

**• 종합부동산세의 경우**

종합부동산세 과세대상인 종합합산대상 토지나 별도합산대상 토지 또는 주택의 경우 초과누진세율 구조여서 분산증여로 인한 종합부동산세 절세효과가 발생한다.

**• 종합소득세의 경우**

소득공제 또는 세액공제가 소득자별로 허용되고 종합소득세 세율은 7구간별로 6~42%의 초과누진세율 구조여서 분산증여로 인한 종합소득세 절세효과가 발생한다.

**사례 보기**

10억원 상당의 상가를 소유하는 父가 子에게만 증여하였을 경우와 子와 며느리에게 1/2씩 증여하였을 경우 子와 며느리의 종합소득세는?
- 상가임대소득은 3천만원, 子는 근로소득 7천만원이 있고 며느리는 소득이 없음.
- 子의 소득공제액은 1천만원, 세액공제는 2백만원이라고 가정함.
- 며느리에게 증여시 子의 소득공제액은 3백만원, 세액공제는 1백만원이 감소하며, 며느리의 소득공제액은 3백만원, 세액공제는 2십만원이라고 가정함.

단위: 천원

| 구분 | 子 | 子 + 며느리 | | |
|---|---|---|---|---|
| | | 子 | 며느리 | 계 |
| 근로소득 | 70,000 | 70,000 | 0 | 70,000 |
| 임대소득 | 30,000 | 15,000 | 15,000 | 30,000 |
| 종합소득금액 | 100,000 | 85,000 | 15,000 | 100,000 |
| 소득공제 | 10,000 | 7,000 | 3,000 | 10,000 |
| 과세표준 | 90,000 | 78,000 | 12,000 | 90,000 |
| 세율 | 35% | 24% | 6% | |
| 산출세액 | 16,600 | 13,500 | 720 | 14,220 |
| 세액공제 | 2,000 | 1,000 | 200 | 1,200 |
| 결정세액 | 14,600 | 12,500 | 500 | 13,000 |

• **양도소득세의 경우**

양도소득공제가 소득자별로 허용되고 양도소득세 세율은 일부의 경우에 단일세율도 존재하지만 일반적인 경우에 초과누진세율 구조여서 분산증여 후 증여재산의 양도로 인한 양도소득세 절세효과가 발생한다.

**사례 보기**

10억원 상당의 상가를 소유하는 父가 子에게만 증여하였을 경우와 子와 며느리에게 1/2씩 증여하였을 경우 子와 며느리의 양도소득세는?
• 양도가액은 전체 15억원이며, 기타 필요경비는 5천만원임.
• 양도시기는 증여 후 10년이 경과한 시점에 양도한 것으로 가정함.

단위: 천원

| 구분 | 子 | 子 + 며느리 | | |
|---|---|---|---|---|
| | | 子 | 며느리 | 계 |
| 양도가액 | 1,500,000 | 750,000 | 750,000 | 1,500,000 |
| 취득가액 | 1,000,000 | 500,000 | 500,000 | 1,000,000 |
| 기타필요경비 | 50,000 | 25,000 | 25,000 | 50,000 |
| 장기보유공제 | 90,000 | 45,000 | 45,000 | 90,000 |
| 양도소득공제 | 2,500 | 2,500 | 2,500 | 5,000 |
| 과세표준 | 357,500 | 177,500 | 177,500 | 355,000 |
| 세율 | 40% | 38% | 38% | |
| 산출세율 | 117,600 | 48,050 | 48,050 | 96,100 |

## • 상속세의 경우

상속공제 중 인적공제가 허용되고 종합소득세 세율은 5구간별로 10~50%의 초과누진세율 구조여서 분산증여 후 증여재산의 상속으로 인한 상속세 절세효과가 발생한다.

| 구분 | 세목 | 분산증여로 인한 절세효과(수증자) |
|---|---|---|
| 취득단계 | 취득세 | × |
| | 증여세 | ○ |
| 보유단계 | 재산세 | △ |
| | 종합부동산세 | ○ |
| | 종합소득세 | ○ |
| 처분단계 | 양도소득세 | ○ |
| | 상속세 | ○ |

## 누구와 나누어야 할까?

가족 간 증여에서 가장 흔한 형태가 부모가 자녀에게 증여하거나 배우자 간 증여다. 그러나 분산증여의 유용성으로 인하여 손자녀에게 증여하는 경우나 며느리나 사위에게 증여하는 경우가 점점 늘고 있는 추세이다. 한편 가족 내에 누구에게 증여하는가에 따라 증여세 또는 상속세 효과가 서로 다른데 이에 대하여 살펴보자.

〈수증자와 증여자 관계별 증여세결정현황(2017)〉

| 구분 | 배우자 | 직계존비속 | 기타친족 | 기타 |
|---|---|---|---|---|
| 건수(명) | 3,000 | 81,713 | 27,537 | 34,087 |
| 증여재산가액(조) | 2.8 | 27.9 | 7.5 | 4.3 |

* 국세청국세통계 참조/증여세 결정자 인원 중 과세미달자는 제외하고 증여재산가액 중 사전증여재산을 합산한 금액임.

### • 자녀의 경우

자녀에게 증여시 세대 간의 재산이전이 가능하고 혈족 간의 증여라는 점에서 가장 흔한 증여 형태다. 이 경우 증여세 계산시 증여재산공제는 10년간 5천만원(자녀가 미성년자인 경우 2천만원)까지 허용되며, 상속개시 이전 10년 이내 자녀에게 증여분은 상속세 계산시 합산과세가 된다.

### • 배우자의 경우

배우자 사이의 증여는 세대 간의 재산이전은 아니지만 증여세 계산시 증여재산공제가 10년간 6억원까지 허용된다는 장점이 있다. 한편 상속개시 이전 10년 이내 배우자에게 증여분은 상속세 계산시 합산과세가 된다.

· **손자녀의 경우**

손자녀에게 증여시 세대 간의 재산이전이 가능하고 혈족 간의 증여라는 점에서 선호된다. 그러나 손자녀 부양은 1차적으로 그 부모에게 있고 손자녀가 나이가 어린 경우 증여로 인하여 손자녀에게 미칠 부정적 영향에 대한 우려로 증여규모가 그리 크지 않는 것이 현실이다. 한편 증여세 계산시 증여재산공제는 자녀의 경우와 같이 10년간 5천만원(자녀가 미성년자인 경우 2천만원)까지 허용되지만, 상속세 계산시 상속개시 이전 5년 이내 증여분만 합산과세되며 증여세가 30%(손자가 미성년자이고 증여재산가액이 20억원 초과하면 40%)만큼 할증과세가 된다는 측면에서 자녀의 증여의 경우와 차이를 보인다.

**사례 보기**

父가 예금 3억원을 子에게만 증여하였을 경우와 子와 며느리와 손자에게 1/3씩 증여하였을 경우 父가 증여 이후 7년 후 사망시 상속세는?
* 상속재산 14억원, 채무 등 공제액은 1억원, 상속공제는 5억원임.

**해설**

1. 증여세의 경우

| 구분 | 子 | 子 + 손자 | | | |
|---|---|---|---|---|---|
| | | 子 | 며느리 | 손자 | 계 |
| 증여재산가액 | 300,000 | 100,000 | 100,000 | 100,000 | 200,000 |
| 증여재산공제 | 50,000 | 50,000 | 10,000 | 50,000 | 100,000 |
| 과세표준 | 250,000 | 50,000 | 90,000 | 50,000 | 100,000 |
| 세율 | 20% | 10% | 10% | 10%+3% | |
| 산출세율 | 40,000 | 5,000 | 9,000 | 6,500 | 20,500 |

## 2. 상속세의 경우

단위: 천원

| 구분 | 子 | 子 + 손자 |
|---|---|---|
| 상속재산 | 1,400,000 | 1,400,000 |
| 채무 등 | 100,000 | 100,000 |
| 사전증여가액 | 300,000 | 100,000 |
| 과세가액 | 1,600,000 | 1,400,000 |
| 상속공제 | 500,000 | 500,000 |
| 과세표준 | 1,100,000 | 900,000 |
| 세율 | 40% | 30% |
| 산출세율 | 280,000 | 210,000 |
| 증여세액공제 | 40,000 | 5,000 |
| 신고세액공제 | 7,200 | 6,150 |
| 납부세액 | 232,800 | 198,850 |

• **며느리 · 사위의 경우**

며느리나 사위에게 증여하는 경우 증여세 계산시 증여재산공제는 10년간 1천만원까지 허용되지만, 상속세 계산시 상속개시 이전 5년 이내 증여분만 합산과세 된다는 장점이 있다.

| 구분 | 관계 | 상속인 여부 | 증여성격 | | 힐증과 세 여부 | 증여재산 공제(10년간) | 상속세 합산 과세기간 |
|---|---|---|---|---|---|---|---|
| | | | 세대 간 | 혈족 간 | | | |
| 1유형 | 자녀 | ○ | ○ | ○ | | 5(2)천만원 | 10년 |
| 2유형 | 배우자 | ○ | | | | 6억원 | 10년 |
| 3유형 | 손자녀 | | ○ | ○ | ○ | 5(2)천만원 | 5년 |
| 4유형 | 며느리·사위 | | ○ | | | 1천만원 | 5년 |

**多多益善**

분산증여시 절세효과가 발생하는 이유가 누진세율 과세와 개인별로 각종 공제를 적용함으로써 발생하므로 증여시 분산되는 인원수가 많으면 많을수록 절세효과는 일반적으로 커진다. 다만 분산증여 후 보유나 처분단계에서 소유자가 여러 명인 상황에서 의견 충돌은 불가피해 보인다.

## 재산별 분산증여 효과는?

### • 상가 · 오피스의 경우

분산 증여시 취득단계에서 취득세는 절세효과가 없으나 증여세는 절세효과가 발생한다. 보유단계의 재산세나 종합부동산세의 경우는 토지의 경우는 절세효과가 발생(종합부동산세 면세기준점 이하에서는 절세효과가 없음)하나 건축물은 절세효과가 없다. 아울러 종합소득세와 처분단계에서 상속세, 양도소득세는 절세효과가 발생한다.

· **주택의 경우**

분산증여시 취득단계에서 취득세는 절세효과가 없으나 증여세는 절세효과가 발생한다. 보유단계의 재산세나 종합부동산세의 경우는 절세효과가 발생(별장 제외)하며, 처분단계에서 상속세, 양도소득세도 절세효과가 발생한다. 다만 주택을 증여받은 자가 증여받은 주택 이외에 다른 주택을 양도하는 경우 증여받은 주택은 중과세대상 주택수에 포함하여 다주택자의 중과 여부를 한다는 점도 고려되어야 한다.

· **오피스텔의 경우**

분산증여시 취득단계에서 취득세는 절세효과가 없으나 증여세는 절세효과가 발생한다. 보유단계의 재산세나 종합부동산세의 절세효과는 사용용도에 따라 업무용 오피스텔이면 상가 · 오피스의 경우, 주택주거용 오피스텔이면 주택의 경우와 같다. 아울러 종합소득세와 처분단계에서 상속세, 양도소득세는 절세효과가 발생한다.

· **농지 · 임야의 경우**

분산증여시 취득단계에서 취득세는 절세효과가 없으나 증여세는 절세효과가 발생한다. 보유단계의 재산세나 종합부동산세의 경우는 분리과세대상 토지인 경우는 절세효과가 없으나, 종합합산과세대상 토지는 절세효과가 발생(종합부동산세 면세기준점 이하에서는 절세효과가 없음)한다. 아울러 종합소득세와 처분단계에서 상속세, 양도소득세는 절세효과가 발생하며, 양도소득세 과세시 직계존속 또는 배우자가 8

년 이상 재촌자경한 농지 · 임야 및 목장용지로서 직계존속 또는 해당 배우자로부터 증여받은 토지(단 녹지지역 및 개발제한구역 이외의 도시지역 안의 토지는 제외)는 비사업용 토지로 보지 아니한다.

### • 예금 · 펀드의 경우

분산증여시 증여세나 종합소득세, 상속세의 절세효과가 발생한다.

### • 상장주식 · 비상장주식의 경우

분산증여시 증여세나 종합소득세, 상속세나 양도소득세 과세표준을 3억원 이하로 낮출 수 있는 경우에 양도소득세의 절세효과가 발생한다.

# 03 핵심증여플랜 (2) 증여는 타이밍이다

*증여는 때가 있으므로 적정한 시기에 증여해야 효과 커*

증여는 언제나 할 수 있는 것이 아니며 증여에도 유효기간이 있다. 증여의 유효기간은 현시점부터 내가 사망할 때까지로 이 기간에 증여로 재산이전을 완료하지 않으면 상속에 의한 재산이전이 불가피하다.

## 증여시기 결정에 고려되는 요소는?

연구 자료를 살펴보면 부모의 경제적 수준이 높을수록, 부모와 자녀 간의 상호교류 빈도수가 많을수록, 부모 연령이 높을수록 사전증여행위가 증가하는 것으로 보고되고 있다.

〈수증자의 연령별 증여세 결정현황(2017)〉

| 구분 | 10세이하 | 10대 | 20대 | 30대 | 40대 | 50대 | 60세이상 |
|---|---|---|---|---|---|---|---|
| 건수(명) | 3,243 | 5,309 | 16,198 | 28,368 | 38,887 | 32,940 | 19,464 |

* 국세청국세통계 참조/증여세 결정자 인원 중 과세미달자는 제외함.

### • 증여자 · 수증자의 상황과 니즈

증여시기의 선택에 있어 증여자의 나이와 건강 상황은 중요한 변수이다. 나이가 많을수록 건강을 자신할 수 없을수록 재산이전의 욕구는 커진다. 아울러 부모의 자산소유로 인한 자기만족적 욕구가 감소할수록 증여는 증가한다. 한편 수증자인 자녀가 증여니즈가 강할수록, 부모의 증여로 인한 자식에게 미칠 부정적 영향의 우려가 감소될수록, 부모의 증여 이후 증여재산의 감소 우려가 줄어들수록, 수증자의 증여로 인한 증여세나 취득세 등의 이전비용에 부담이 줄수록 증여는 증가할 가능성이 크다.

### • 승계대상재산 규모 · 가치변동

자녀에게 승계 가능한 재산은 현 보유재산과 향후 생전에 얻게 될 소득에서 남은 여생동안 생활하기 위하여 필요한 재산을 공제한 금액이 된다. 일반적으로 승계대상재산이 적다면 증여의 필요성이 작아지고 반대로 승계대상재산이 많다면 증여를 적극적으로 고려할 가능성이 크다. 아울러 보유재산의 가치가 증가하리라 예상된다면 저평가된 시점에 자녀에게 증여하는 것을 고려하게 된다.

### • 관련 제도와 세금의 변화

경기상승기에 부동산 또는 금융재산에 관련한 각종 제도가 강화되거나 보유재산에 대하여 종합부동산세나 양도소득세 등 세금이 강화되는 경우 증여에 대하여 관심을 가지게 된다.

# 상속시 10년 내 증여 vs 10년 전 증여

## • 증여 이후 10년 이상 산다면

상속세 계산시 증여일로부터 10년 이상 생존한다면 상속시 사전증여재산가액은 합산되지 않고 증여일로부터 10년 이내네 상속한다면 합산된다. 즉 일단 증여를 하면 최소 10년 이상 생존해야 상속세가 절세가 된다.

## • 증여 이후 10년 이내 사망하면

사전증여하면 증여 이후의 증여재산의 가치 상승분과 운용수익은 증여받는 자에게 귀속된다. 따라서 상속세 계산시 증여일로부터 10년 이상 생존한다면 절세효과가 극대화되겠지만 10년 이내 상속한다고 절세효과가 없는 것은 아니다.

| 구분 | 사전증여로 인한 상속세 과세가액 감소액 |
|---|---|
| 증여 후 10년 이후 상속하면 | 증여 당시 증여재산가액 + 증여 후 증여재산의 가치상승분 + 증여 이후 증여재산에서 발생하는 운용소득 합계액 |
| 증여 후 10년 이내 상속하면 | 증여 후 증여재산의 가치상승분 + 증여 이후 증여재산에서 발생하는 운용소득 합계액 |

# 자산가치가 오르기 이전에 증여

## • 빠르면 빠를수록 좋다

일반적으로 자산가격은 상승하고 자산보유로 인하여 운용소득이 발생한다. 따라서 자산을 증여하면 자산가격이 상승하기 이전의 평가가액으로 증여가 가능하고 그 운용소득도 수증자에게 귀속되므로 승계대상자산은 증여시기가 빠르면 빠를수록 증여세 절세가 가능하다.

### • 일시적으로 저평가된 시점에서

경기변동이나 증여재산의 개별적 요인으로 일시적으로 가격이 하락한다면 하락기에 증여하면 증여세 절세가 가능하다.

### • 오른 가격이 반영되기 전에

증여재산 평가는 시가평가가 원칙이지만 시가가 없는 경우 증여세 법상 보충적 평가방법으로 평가한다. 그런데 부동산의 경우 보충적 평가방법은 매일매일 가액이 반영되지 않고 1년마다 정기적으로 반영되므로 변경된 가격이 반영되는 시점을 파악하여 변경이전에 증여하면 증여세 절세가 가능하다.

〈부동산 국세청 기준시가 등 고시일자〉

| 구분 | 기준시가 | 고시일 | 고시기관 | 확인방법 |
|---|---|---|---|---|
| 토지 | 개별공시지가 | 매년 5월 말 | 시·군·구청장 | 부동산공시가격 알리미 |
| 상가 | 건물기준시가 | 매년 12월 말 | 국세청장 | 국세청 홈택스 |
| 오피스텔 | 오피스텔 및 상업용 건물의 기준시가 | 매년 12월 말 | 국세청장 | 국세청 홈택스 |

| | 공동주택가격<br>(아파트·연립·다세대) | 매년 4월 말 | 국토교통부장관 | 부동산공시가격 알리미 |
|---|---|---|---|---|
| 주택 | 개별주택가격<br>(단독·다가구포함) | 매년 4월 말 | 시·군·구청장 | 부동산공시가격 알리미 |

# 10년마다 나누어 증여

## • 10년 단위마다 증여세 합산과세

해당 증여일 전 10년 이내에 동일인(증여자가 직계존속인 경우에는 그 직계존속의 배우자를 포함)으로부터 받은 증여재산가액을 합친 금액이 1천만원 이상인 경우 그 가액을 증여세 과세가액에 가산한다. 따라서 10년마다 증여하면 초과누진세율 구조로 인한 고율의 세율을 피할 수 있고 아울러 증여재산공제도 새로게 적용되어 증여세 절세가 가능하다.

## • 평생 가족에게 34.8억 세금 없이 증여 가능해

부모가 자녀나 배우자에게 평생에 증여세 없이 증여할 수 있는 금액은 얼마나 될까? 계산상으로는 대략 34.8억이 가능하며 손자녀와 사위·며느리까지 그 범위를 확대하면 이보다 많은 금액이 나온다.

| 구 분 | 배우자 | 자녀1 | 자녀2 | 계 |
|---|---|---|---|---|
| 증여가액 | 30억원 | 2.4억원 | 2.4억원 | 34.8억원 |

* 부모 30살에 결혼/ 85세에 사망/자녀 2명 /10년마다 총 6번 증여 가정함.

## 증여할 수 있을 때 증여하세요!

부모는 자녀에게 증여를 결정하는 데는 여러 생각을 하게 된다. 부모가 소유하고 있는 재산규모나 건강 또는 나이, 자녀의 증여니즈·나이·경제력·자산운용능력·증여가 자녀 삶과 부모 관계에 미치는 영향 등 대내적 요인과 자산가치의 변동과 세법 등 제도의 변화 등 고려해야 할 것이 너무나 많고 복잡하며 또한 유동적이다. 그러나 최종적인 의사결정자인 부모 입장에서는 세대 간의 재산이전 문제가 하나의 숙제인 측면이 있고 증여를 통한 재산이전도 유효기간이 있다는 측면을 고려한다면 자녀의 증여니즈에 불구하고 부모의 결단을 통하여 적절한 시기에 사전증여를 하는 것이 현명해 보인다.

## 04 핵심증여플랜 (3)
## 최적의 증여물건을 찾아라

*보유재산 중 증여로 인한 절세효과가 큰 재산부터 증여해야*

### 증여물건 결정에 고려되는 요소는?

**· 증여자 · 수증자의 상황과 니즈**

수증자인 자녀의 입장에서 증여니즈가 전세자금 또는 주택 구입 등의 목적(주택이나 현금 · 금융재산 등 선호)인지 아니면 일상적 생활자금의 활용(상가 등 운용수입 가능재산 선호)인지의 여부, 사업승계목적의 증여인지 여부, 수증자의 증여재산 운용능력이나 증여로 인한 증여세나 취득세 등의 이전비용에 부담능력에 따라 증여대상물건이 달라질 수 있다. 한편 증여자는 평소에 의도했던 자녀에게로 재산이전 계획을 기초로 수증자 상황을 고려하여 증여대상 물건을 결정한다.

**· 승계대상재산 상황**

보유재산의 가치가 증가하리라 예상되는 보유재산은 증여하면 운용소득과 과소평가 재산의 미실현가치를 자녀에게 귀속시키는 것이 가능하므로 저평가된 보유재산을 자녀에게 증여하려 한다.

## • 관련 세금의 부담수준

증여재산에 대하여 보유나 처분시 부담해야 할 세금, 즉 종합부동산세나 종합소득세, 양도소득세나 상속세 등이 증여에 의하여 감소 가능한 재산이라면 증여를 선호하게 된다.

## 절세효과를 고려해 증여재산 선택해야

증여재산이 현금이냐, 예금ㆍ펀드냐, 상장주식 또는 비상장주식이냐, 부동산이냐에 따라 증여 후 각 단계에서 미치는 세금효과가 다르다. 이에 대해서는 〈Part 3 증여절세 포인트 이해하기〉에서 각 자산별로 자세히 설명하였으니 참조 바란다. 증여물건의 선택은 증여자와 수증자의 니즈와 상황에 많은 영향을 받지만 만일 여러 증여물건 중 선택이 가능하다면 보유재산 중 절세효과가 큰 재산을 선택하는 것이 합리적이다. 특히 주택의 증여로 인하여 1세대1주택 비과세 또는 다주택자 중과세 규정과 농지의 증여로 인한 비사업용 토지의 중과세 규정에 미치는 영향을 주의 깊게 살펴볼 필요가 있다.

### 사례 보기

父는 차남에게 보유재산 중 예금 5억원과 상가 5억원 중 하나를 선택하여 증여하려 한다. 이 경우 증여로 인하여 세금효과는?
*   父의 소유재산은 예금 10억원, 상가 5억원, 주택 10억원임.
*   父는 예금이자 3천만원, 상가임대소득 2천만원, 소득공제는 5백만원 세액공제는 1백만원임.

- 차남은 근로소득 5천만원이며 소유한 금융재산과 부동산은 없음.
- 차남은 소득공제는 5백만원 세액공제는 1백만원임.
- 상속세 계산시 일괄공제 5억원만 적용하고 증여 후 10년 이후에 상속개시가 된다고 가정함.

해설

### 1. 예금 5억원을 증여하는 경우

단위: 천원

| 구분 | 父 | | 차남 | |
|---|---|---|---|---|
| | 증여 전 | 증여 후 | 증여 전 | 증여 후 |
| 증여세 | | | | 87,300 |
| 종합소득세 | 4,470 | 2,270<sup>주)</sup> | 4,670 | 6,770<sup>주)</sup> |
| 상속세 | 620,800 | 426,800 | | |

주) 父와 차남은 각각 5억원에 대한 이자소득 15백만원은 14%, 원천징수(2.1백만원) 후 분리과세되며 종합소득세 계산시 이를 포함함.

### 2. 상가 5억원을 증여하는 경우

단위: 천원

| 구분 | 父 | | 차남 | |
|---|---|---|---|---|
| | 증여 전 | 증여 후 | 증여 전 | 증여 후 |
| 증여세 | | | | 87,300 |
| 취득세 | | | | 20,000 |
| 종합소득세 | 4,470 | 3,200 | 4,670 | 9,380 |
| 상속세 | 620,800 | 426,800 | | |

주) 증여로 인한 재산세와 종합부동산세는 분석대상에서 제외함.

# 만일 저평가된 자산을 증여한다면

## • 증여세 절세 가능

수증자 입장에서 보면 저평가된 자산을 증여받을 경우 증여세를 덜 내는 효과가 있다. 일반적으로 증여재산별로 평가금액의 시가반영 정도를 살펴보면 현금이나 예금·펀드는 증여금액 자체가 평가액이며, 상장주식이나 아파트와 오피스텔은 실거래가를 적극 반영하므로 시가반영률이 높은 반면에 단독·다세대·다가구주택이나 상가와 단순 토지는 시가를 반영하지 못한 경우가 많아 시가반영률이 낮은 편이다. 아울러 비상장주식은 매매가 빈번하지 않아 주식가치 평가를 증여세법상 보충적 평가방법에 의하여 평가하는 경우가 많은데 생각보다 평가액이 높은 경우가 많다.

### • 저평가분 반영하여 양도세 추가과세

저평가된 재산을 증여하면 증여세는 절감되지만 증여재산을 양도하여 양도소득세를 계산할 때 증여재산 평가가액을 취득가액으로 보게 됨으로써 결과적으로 시가와 평가금액의 차이만큼 양도소득세에서 추가과세 된다.

### 사례 보기

父가 시가가 동일한 6억원 상당의 업무용 오피스텔 또는 상가 중 1개를 女에게 증여하려고 할 때 증여세와 증여 이후 양도소득세는?
- 증여세 신고시 오피스텔은 시가, 상가는 공시지가 4.5억원에 신고함.
- 오피스텔과 상가 모두 10년 이후에 10억원에 양도한다고 가정함(양도시 필요경비는 5천만원).

## 1. 증여세의 경우

단위: 천원

| 구분 | 오피스텔의 경우 | 상가의 경우 |
|---|---|---|
| 증여재산가액 | 600,000 | 450,000 |
| 증여재산공제 | 50,000 | 50,000 |
| 과세표준 | 550,000 | 400,000 |
| 세율 | 30% | 20% |
| 산출세율 | 105,000 | 70,000 |

## 2. 양도소득세의 경우

단위: 천원

| 구분 | 오피스텔의 경우 | 상가의 경우 |
|---|---|---|
| 양도가액 | 1,000,000 | 1,000,000 |
| 취득가액 | 500,000 | 450,000 |
| 기타필요경비 | 50,000 | 50,000 |
| 장기보유공제 | 90,000 | 100,000 |
| 양도소득공제 | 2,500 | 2,500 |
| 과세표준 | 357,500 | 397,500 |
| 세율 | 40% | 40% |
| 산출세율 | 117,600 | 133,600 |

## 핵심증여플랜 (4)
## 부담부증여를 고려하라

*부담부증여하면 양도세가 추가되나 부담세액은 줄일 수 있어*

　부동산이나 주식을 부담부증여하면 증여세에 양도소득세가 추가되지만 총 부담세액을 줄일 수 있어서 증여에서 많이 애용된다.

### 단순증여 vs 부담부증여

　부담부증여란 수증자가 증여를 받는 동시에 일정한 채무를 부담하는 증여를 말한다. 이러한 부담부증여는 채무를 떠안지 않고 전체를 증여하는 단순증여와 구별되는 개념으로 단순증여가 아닌 부담부증여를 하면 채무인수액은 양도소득세(양도소득세가 과세되는 부동산이나 주식에 한함)가, 나머지 순수증여분에 대해서는 증여세가 과세된다.

| 구분 | | 단순증여 | 부담부증여 |
|---|---|---|---|
| 부담할 세금 | | 증여세 | 증여세 + 양도소득세 |
| 증여세 | 납세의무자 | 증여받은 자 | 증여받은 자 |
| | 과세가액 | 전체 증여평가가액 | 전체 증여평가가액 - 채무인수액 |
| 양도소득세 | 납세의무자 | | 증여하는 자 |
| | 과세가액 | | 채무인수액 |

# 비록 2개의 세금이지만 절세가능

양도소득세 과세대상인 부동산이나 주식을 부담부증여하면 증여하는 자는 채무인수부분에 대하여 양도소득세를 부담하고 증여가액 중 채무인수부분을 제외한 나머지 부분에 대해서는 증여받는 자가 증여를 부담한다. 이 경우 비록 2개의 세금을 부담하지만 초과누진세율과 2개의 세금에서 각종 공제액, 즉 증여세의 증여재산공제와 양도소득세 계산에서 공제금액(취득가액 · 기타 필요경비 · 장기보유특별공제 · 양도소득공제)이 적용됨으로 인하여 증여세만 부담하는 단순증여보다 증여세와 양도소득세를 부담하는 부담부증여가 세금부담이 줄어들 수 있다.

### 사례 보기

父소유 10억원 상당의 상가를 子에게 증여하려 한다. 상가에 2억원의 임대보증금이 있는 상황에서 단순증여와 부담부증여시 세금효과는?

### 해설
1. 증여세의 경우

단위: 천원

| 구분 | 단순증여의 경우 | 부담부증여의 경우 |
|---|---|---|
| 증여재산가액 | 1,000,000 | 800,000 |
| 증여재산공제 | 50,000 | 50,000 |
| 과세표준 | 950,000 | 750,000 |
| 세율 | 30% | 30% |
| 산출세율 | 225,000 | 165,000 |
| 신고세액공제 | 6,750 | 4,950 |
| 납부세액 | 218,250 | 160,050 |

## 2. 양도소득세의 경우

단위: 천원

| 구분 | 단순증여의 경우 | 부담부증여의 경우 |
|---|---|---|
| 양도가액 | - | 200,000 |
| 취득가액 | - | 100,000 |
| 기타필요경비 | - | 6,000 |
| 장기보유공제 | - | 18,800 |
| 양도소득공제 | - | 2,500 |
| 과세표준 | - | 72,700 |
| 세율 | - | 24% |
| 산출세율 | - | 12,228 |

## 3. 세금 합계

단위: 천원

| 구분 | 납세의무자 | 단순증여의 경우 | 부담부증여의 경우 |
|---|---|---|---|
| 증여세 | 子 | 218,250 | 160,050 |
| 양도소득세 | 父 | - | 12,228 |
| 지방소득세 | 父 | - | 1,223 |
| 계 | | 218,250 | 173,501 |

# 공제가능한 채무의 조건은?

부담부증여로 증여세 계산에서 공제 가능한 채무이기 위해서는 ①
증여자의 채무일 것, ② 증여일 현재 확정된 채무일 것, ③ 해당 증
여재산에 담보된 채무일 것, ④ 수증자가 채무를 실제로 인수할 것의
요건을 모두 갖추어야 한다. 채무로서 대표적인 것은 금융기관의 대
출금과 임대보증금이다. 이에 대해서는〈Part 2 증여세 이해하기: (6)
부담부증여하면 채무액은 공제된다〉에서 설명하므로 관련 내용을 참

조 바란다.


## 부담부증여가 더 불리한 경우도 있어

부담부증여가 단순증여보다 유리하기 위해서는 부담부증여로 인하여 감소되는 증여세보다 증가하는 양도세액이 작아야 절세효과가 있는 것이다. 그러나 그 반대의 경우라면 오히려 부담부증여가 단순증여보다 불리하다.

**부담부증여가 단순증여보다 유리하기 위한 조건은?**

단순증여시 증여세 〉 부담부증여시 (증여세 + 양도소득세)

↓

| | |
|---|---|
| 증여세 감소금액 〉 양도소득세 증가금액 | 부담부증여 유리 |
| 증여세 감소금액 〈 양도소득세 증가금액 | 단순증여 유리 |

### • 단순증여시 증여세가 없거나 적은 경우
증여재산금액이 증여재산공제액[배우자 6억, 직계존비속 5(2)천만원]에 미달하거나 증여재산공제액을 공제하고 남는 증여재산금액이 적은 경우 부담부증여가 단순증여보다 불리해질 수 있다.

### • 부담부증여시 양도소득세가 많은 경우
부담부증여시 채무인수분에 대하여 양도소득세를 계산함에 있어서 취득가액이 낮을수록, 보유기간이 짧아 장기보유특별공제금액이 적을수록, 양도차익이 많을수록 양도소득세가 많아지게 되므로 이 경우 부담부증여가 단순증여보다 불리해질 수 있다.

## 부담부 증여시 알아야 할 사항

### • 부담부증여시 취득세 부담액은?

배우자 또는 직계존비속으로부터의 부담부증여로, 해당 부동산의 취득을 위하여 그 채무를 지급한 사실이 입증되는 경우라면 그 채무액에 상당하는 부분은 부동산을 유상취득으로 보아 취득세율(주택 1.1~3.5%, 농지 1.6~3.4%, 기타의 경우는 4.6%)을 적용한다.

### • 상속세 계산시 가산할 사전증여금액은?

피상속인이 상속 개시일 전에 증여한 재산을 상속세 과세가액에 가산하여 계산하는데 부담부증여의 경우 증여재산가액에서 인수채무를 차감한 증여세 과세가액을 가산한다.

### • 토지허가구역내 부담부증여는 허가대상임

토지허가 구역 내의 허가대상 거래계약에 매매는 포함되지만 증여는 포함되지 않는데 만일 사실상 대가를 수반하는 부담부증여는 토지거래 허가대상이다.

## • 채무부담액은 사후관리대상임

부담부증여시 채무인수액은 증여세 사후관리대상이다. 따라서 만일 수증자가 아닌 증여자나 제3자가 인수한 채무를 대신 갚는 경우 이를 새로운 증여로 본다.

## 06 핵심증여플랜 (5)
## 조세감면제도를 활용하라

*조세감면규정을 사전 파악하여 증여세 절세에 활용해야*

증여세법에서는 여러 가지 목적으로 증여세 비과세규정이나 감면규정, 증여세 과세가액 불산입 규정 그리고 증여세 과세특례 규정을 두고 있다. 이러한 각종 조세감면 제도를 활용하여 절세할 필요가 있는데 이하에서 이에 대하여 개략적으로 살펴보고 보다 자세한 것은 〈Part 2 증여세 이해하기: (5) 비과세되는 증여도 있다〉와 〈Part 3 증여절세 Point 이해하기 Ⅲ - 비상장주식 편〉에서 자세하게 설명하므로 이를 참조 바란다.

## 증여세 비과세 제도

### • 생활비 · 교육비 · 치료비 · 부의금 등의 경우

사회통념상 인정되는 이재구호금품, 치료비, 피부양자의 생활비, 교육비 · 학자금 · 부의금 · 혼수용품과 결혼축의금은 증여세를 부과하지 아니한다.

## • 장애인 보험금의 경우

장애인을 보험금 수익자로 한 보험의 보험금은 연간 4천만원을 한도로 비과세한다.

## 증여세가 감면 또는 불산입제도

### • 영농자녀에게 증여하는 농지의 경우

농지의 소재지에 거주하면서 영농에 종사하는 자경농민이 영농자녀에게 일정한 농지 등을 증여하는 경우 해당 농지 등에 대한 증여로 인한 증여세는 5년간 1억원 한도 내에서 100% 감면한다.

### • 공익법인 출연재산의 경우

공익법인 등이 출연받은 재산의 가액은 증여세 과세가액에 산입하지 아니한다. 아울러 증여재산 중 증여자가 공익신탁으로서 종교ㆍ자선ㆍ학술 또는 그 밖의 공익을 목적으로 하는 신탁을 통하여 공익법인 등에 출연하는 재산의 가액은 증여세 과세가액에 산입하지 아니한다.

### • 장애인이 증여 후 신탁한 재산의 경우

장애인이 재산을 증여받고 증여세 신고기한까지 일정 요건을 모두 갖추어 증여재산을 신탁업자에게 신탁하거나 증여자가 장애인을 수익자로 하여 위탁하는 경우 그 증여받은 재산가액을 증여세 과세가액에 산입하지 아니한다. 다만 증여받은 재산가액은 장애인이 살아 있는 동안 증여받은 재산가액을 합친 금액기준으로 5억원을 한도로 한다.

## 증여세 과세특례제도

### • 가업승계 목적으로 주식을 증여하는 경우

60세 이상의 부모로부터 가업승계를 목적으로 해당 가업의 주식을 증여받고 가업을 승계한 경우 일반적인 증여세 계산방법에 불구하고 그 주식의 가액에 대한 증여세 과세가액(100억원 한도)에서 5억원을 공제하고 세율을 10%(30억원을 초과하는 경우 20%)으로 하여 증여세를 부과한다.

### • 자녀의 창업자금을 증여하는 경우

거주자가 일정한 업종을 영위하는 중소기업을 창업할 목적으로 60세 이상의 부모로부터 토지·건물 등의 양도소득세 과세대상 재산을 제외한 재산을 증여받는 경우에는 일반적인 증여세 계산방법에도 불구하고 해당 증여받은 재산의 가액 창업자금(최대 50억원 한도)에 대해서는 증여세과세가액에서 5억원을 공제하고 세율을 10%로 하여 증여세를 부과한다.

## 07 증여 Risk와 주의해야 할 사항은?

*증여플랜이 집행된 이후에도 정기적인 모니터링은 필수적*

　재산이전 방법으로서 증여는 많은 장점이 있어서 증여플랜을 면밀하게 세워서 진행하면 절세효과를 볼 수 있으며 이 과정에서 놓치기 쉬운 사항에 대하여 아래에서 설명하고자 한다.

### 시가(時價)는 보는 시각에 따라 다를 수 있다

#### ・정확한 시가 알기 어려워

　증여세가 부과되는 재산가액은 원칙적으로 증여일 현재의 시가(時價)에 따른다. 그런데 증여재산의 시가에 대하여 비교평가대상가액이 매매가액으로 적절한가? 아니면 시가로 보는 금액이 2개 이상이 있는 경우 어느 것을 시가로 보아야 하는가에 대하여 과세관청과의 충돌이 있을 수 있다.

#### ・더욱 강력해진 시가적용

　2019년 증여분부터 증여재산을 평가할 때 시가평가가능기간이 증여일로부터 2년 이전부터 증여세 신고마감일(증여일이 속하는 달의 말일로부터 3개월) 이후 6개월까지로 그 범위가 더욱 확대되었다. 따라서 증여세 신고 이후에 시가에 해당하는 매매가액이나 감정가액이 있는지 꼼꼼히 살펴보아야 한다.

## 상속세 공제한도에 주의해야 한다

상속세 계산시 상속세 과세가액이 5억원을 초과하고 상속세 과세가액에 가산하는 사전증여재산가액이 있다면 상속공제는 상속세과세가액에서 사전증여재산가액(증여재산공제액을 공제한 금액을 말함)을 뺀 금액을 한도로 한다.

**사례 보기**

父가 보유재산이 15억원인 상황에서 자녀 3명에게 상속개시 전 1년 전에 각 4억씩 12억원을 증여한 경우와 증여하지 않았을 경우 상속세는?
• 상속공제는 10억원, 채무 등은 1억원이라고 가정함.

**해설**

단위: 천원

| 구분 | 12억원 증여한 경우 | 12억원 증여하지 않은 경우 |
|---|---|---|
| 상속재산 | 300,000 | 1,500,000 |
| 채무 등 | 100,000 | 100,000 |
| 사전증여가액 | 1,200,000 | - |
| 과세가액 | 1,400,000 | 1,400,000 |
| 상속공제 | 350,000[주1] | 1,000,000 |

| 과세표준 | 1,050,000 | 400,000 |
|---|---|---|
| 세율 | 40% | 20% |
| 산출세율 | 260,000 | 70,000 |
| 증여세액공제 | 180,000 | - |
| 신고세액공제 | 2,400 | 2,100 |
| 납부세액 | 77,600 | 67,900 |

주1) 상속공제 한도액: 상속세과세가액(14억) − [사전증여재산(12억) − 증여재산 공제(1.5억원, 3인 × 5천만원)] = 3.5억원

## 증여보다 양도가 좋은 경우가 있다

1세대1주택 비과세 요건이 적용되는 주택이나 8년 이상 자경농지의 감면규정이 적용되는 농지의 경우 양도시에 비과세나 감면규정이 적용되지만, 증여를 하면 증여세를 부담하여야 하므로 이 경우 양도가 증여보다 유리하다.

## 가격 하락시는 전략을 수정해야 한다

사전증여 후 증여재산 가치가 하락하면 증여세 계산에서 높은 평가가액을 토대로 계산하고 이를 다시 상속세 계산에서 사전증여재산을 합산하게 된다면 사전증여로 인한 상속세가 증가하게 된다. 따라서 증여시점과 상속시점을 비교하여 증여재산 가격이 상승할 것인지 하락할 것인지에 따라 전략을 달리하여야 한다.

## 증여 이후 모니터링은 필수다

증여플랜을 실행한 후에도 증여플랜에 대한 정기적인 모니터링은 필수적이다. 증여자나 수증자의 건강 상황이 당초 증여시점과 달라질 수 있으며 보유재산과 증여재산 또한 경기변동으로 가격이 바뀔수 있기 때문이다. 아울러 각종 정책 또는 조세제도 자체도 수시로 변화하기 때문에 증여에 둘러싼 대내외적인 상황이 변동함에 맞추어 정기적으로 증여플랜도 수정 · 보완하여야 한다.

# PART 5

# 증여세
# 신고납부

# 01 증여세 신고! 반드시 하여야 하나?

*과세미달이면 무신고도 무방하나 신고가 유리한 상황도 있어*

과세미달자는 증여세 신고를 하지 않더라도 가산세의 불이익은 없으나 증여 이후의 절세까지 고려한다면 자진해서 증여세를 신고하는 것이 세부담 측면에서 유리한 경우도 있다.

## 증여세 신고 몇 명이나 할까?

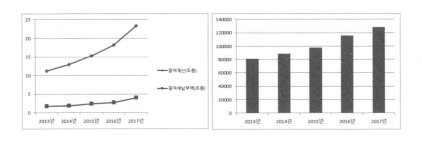

국세통계를 보면 증여세 신고자 수는 2017년 기준으로 연간 128,454명이며, 최근 5년간 연평균 11.7%가량 꾸준하게 늘어나고 있다. 아울러 2017년 기준으로 증여재산과 증여세 부담액도 각각 대략 23.3조원과 4조원 수준으로 5년 전에 비해 2배 이상 증가했다.

## 과세미달자 반드시 신고할 필요는 없다

증여재산금액이 증여재산공제금액에 미달하여 납부세액이 발생하지 않는 경우 증여세 신고를 하지 않더라도 납세자에게 가산세 등의 불이익은 발생하지 않는다. 실제 국세통계를 보면 2017년 기준으로 증여세 결정인원은 326,316명인데 비해 이 중에 과세미달자가 179,979명으로 과세미달자 비율이 55.1%을 차지하고 있다.

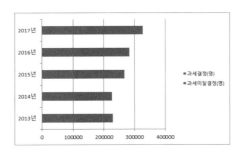

## 증여세 신고하는 것이 유리한 경우도 있어

### • 증여시기를 명확히 할 필요가 있는 경우

세법상 부모가 자녀에게 예금을 증여하는 경우에 증여시기는 자녀명의 통장에 입금한 때이다. 그러나 예금을 증여받은 사실이 확인되지 아니한 경우라면 해당 예금을 자녀가 인출하여 실제 사용하는 날에 증여한 것으로 보기 때문에 증여 이후 발생이자나 배당금까지도 증여로 볼 것인가의 문제가 발생할 수 있다. 이 경우 입금시점에서 증여세 신고를 하면 증여사실에 대한 객관적인 자료로 활용할 수 있다.

## • 증여시점의 시가를 확정할 필요가 있는 경우

부동산 양도시 양도소득세를 계산함에 있어서 증여재산의 취득가액은 증여일 현재의 증여세법상 증여재산의 평가금액으로 계산한다. 이에 증여세 과세미달자라도 증여시점에서 증여재산에 대하여 감정평가사로부터 시가감정을 받아서 이러한 감정가액을 증여가액으로 증여세를 신고한다면 차후 증여재산 양도시 양도소득세를 절세할 수 있다.

### 사례 보기

Q. 배우자에게 아파트를 증여하면서 6억원 미만이라서 증여세 신고를 아예 하지 않았다. 그런데 배우자가 증여받은 아파트를 증여받은 후 7년이 지난 시점에서 타인에게 양도하였다면 양도소득세 신고시 증여받은 아파트의 증여당시의 유사매매가액을 취득가액으로 인정받을 수 있는지?

A. 비록 증여세 신고를 하지 않았다 할지라도 증여일 현재 시가가 존재한다면 해당 시가를 양도소득세 계산시 취득가액으로 볼 수 있다. 다만 양도시점에서의 소급감정가액은 이를 증여세법상 시가로 보지 않으며, 과세관청에 의하여 증여세 신고가액이 증여재산의 시가와 다르게 이미 결정된 상황이라면 실무적으로 당초 시가와 다르게 증여세를 결정한 과세관청에 증여세 평가금액을 시가로 경정하는 절차를 먼저 진행하는 것이 필요하다.


## 조사결과 납부세액이 추징되면

증여세 신고를 하지 않는 상황에서 증여세 조사 결과 납부세액이 발생하면 고율의 가산세가 부과되며 무신고로 인하여 신고세액공제를 적용받지 못한다.

## 02 증여세 신고는 언제까지 해야 하나?

*수증자는 주소지 관할세무서에 3개월 이내에 신고하여야*

증여받은 자는 증여받은 날이 속하는 달의 말일부터 3개월 이내의 기간에 수증자 주소지 관할 세무서장에게 증여세를 신고하여야 한다.

### 증여세 신고기한은?

증여세 신고기한은 증여받은 날이 속하는 달의 말일부터 3개월이다. 예를 들어 7월 15일에 증여가 있다면 10월 31일이 신고기한이 된다. 다만 신고기한의 마감일이 공휴일, 토요일이거나 근로자의 날인 경우라면 그다음 날을 마감일로 한다.

### 누가 신고하여야 하나?

증여세의 신고의무자는 증여를 받은 자, 즉 수증자가 증여세를 신고할 의무를 진다. 만일 父가 여러 자녀에게 증여한 경우라면 자녀가 납세의무자가 되어 개별적으로 증여받은 재산에 대하여 각각 신고하여야 한다.

## 어디에 신고하여야 하나?

증여세 신고서 제출 장소는 증여받은 자의 주소지 관할 세무서이다. 즉 증여 당시 증여자 父의 주소지가 강남구 압구정동이고, 수증자인 자녀의 주소지가 분당이라면 분당세무서에 신고하여야 한다.

## 증여세 신고시 제출서류는?

증여세 신고를 할 때에는 그 신고서에 증여세 계산에 필요한 증여재산의 종류, 수량, 평가가액 및 각종 공제 등을 증명할 수 있는 서류 등을 첨부하여야 한다.

**1. 증여세 신고서류**

| 서식명 |
| --- |
| ① 과세표준신고 및 자진납부계산서 |
| ② 증여재산 및 평가명세서 |

## 2. 사실관계 증명서류

| 제출서류 |
| --- |
| ① 증여자 및 수증자의 가족관계기록사항에 관한 증명서 |
| ② 채무사실을 입증할 수 있는 서류 |
| ③ 증여계약서 등 사실관계 입증서류 |

## 3. 해당하는 경우 제출할 서류

| 제출서류 |
| --- |
| ① 재해손실공제신고서 |
| ② 외국납부세액공제신청서 |
| ③ 증여세 연부연납허가신청서 |

## ③ 증여세 납부방법은?

증여세 납부는 일시납이 원칙이나 분납과 연부연납도 가능함

증여세 납부는 증여세 신고와 동시에 신고납부 마감기한까지 현금으로 일시불로 납부하는 것이 원칙이나 분납이나 연부연납도 허용된다. 그러나 상속세에서 허용하는 물납은 증여의 경우 허용하지 않는다.

### 현금납부

증여세를 자진 납부하고자 하는 자는 증여세 신고와 함께 신고납부 마감기한까지 납세지 관할 세무서장에게 납부하거나 가까운 금융기관에 현금으로 납부하여야 한다. 아울러 납세자는 국세납부 대행기관을 통하여 신용카드, 직불카드, 통신과금 서비스 등으로 납부할 수도 있다.

### 분납

증여세 납부할 세액이 1천만원을 초과하는 경우에는 세무서장의

특별한 승인 없이도 그 납부할 금액의 일부를 납부기한이 지난 후 2개월 이내에 분할납부가 가능하다. 분납의 경우 연부연납과 달리 이자성격의 가산금은 추가 부담하지 않는다.

| 납부할 세액 | 1차납부(증여세 신고시) | 2차납부(2개월 내) |
|---|---|---|
| 1천만원 이하 | 전액 납부 | - |
| 1천~2천만원 이하 | 1천만원 | 나머지 금액 |
| 2천만원 초과 | 납부세액의 50% 이상 금액을 선택 가능함 | 나머지 금액 |

## 연부연납

증여세가 2천만원을 초과하는 경우 최대 5년 이내 기간 동안 나누어 납부하는 연부연납을 신청할 수 있다.

### • 연부연납의 적용요건은?

수증자는 증여세 납부세액이 2천만원을 초과하는 경우 최대 5년 이내의 기간 동안 연부연납을 증여세 신고와 함께 신청할 수 있다. 다만 이 경우 매회 납부하는 금액이 1천만원 초과하는 금액을 신청해야 하고 세무서장 등의 허가가 필수적이며 납세담보도 제공하여야 한다. 한편 납세담보는 납세자의 재산뿐만 아니라 제3자의 재산으로도 가능하다.

**연부연납 적용요건은?**

- 상속세·증여세 납부세액이 2천만원을 초과할 것
- 매회 납부하는 금액이 1천만원 초과할 것
- 납세담보를 제공할 것
- 연부연납신청서를 신청기한 이내에 제출할 것
- 관할 세무서장의 연부연납 허가를 받을 것

## • 이자 성격의 연부연납가산금도 납부해야

연부연납 신청시 기한연장으로 인한 이자 성격의 연부연납가산금을 추가적으로 납부해야 한다. 이때 적용할 이자율은 연부연납 신청 당시의 증여세법상 이자율(2019년도 현재 1.8%)을 연부연납기간이 종료될 때까지 계속하여 적용하는 것으로 이자율 고시될 때마다 변동하지 않는 고정금리 성격이다. 따라서 납세자는 연부연납 신청시 연부연납가산금 부담으로 인한 유불리 여부를 미리 판단하여 결정할 필요가 있다.

## • 연부연납세액의 납부방법은?

연부연납 각 회분의 분납세액은 매년 세무서장이 발송한 고지서에 의하여 납부하면 된다. 만일 연부연납세액을 납부기한까지 납부하지 않으면 체납금액에 대하여 가산금이 부과된다.

**분납 · 연부연납 허가현황(2017)**

(단위: 건/조원)

| 구분 | 신고세액 | | 분납 | | 연부연납 | |
|---|---|---|---|---|---|---|
| | 건수 | 세액 | 건수 | 세액 | 건수 | 세액 |
| 증여세 | 128,454 | 3.98 | 10,511 | 0.72 | 2,852 | 1.25 |

### • 연부연납과 분납은 중복적용 가능한가?

분납은 연부연납과 중복적용은 불가능하다.

### • 연부연납기간 중에 일시납도 가능한가?

연부연납기간 중에 연부연납세액의 전부 또는 일부를 일시에 납부도 가능하다.

# ❹ 해외교포의 증여세 신고는?

*기본적으로 거주자와 동일하나 증여재산공제는 적용 불가함*

해외교포의 경우 증여받은 자의 국적에 상관없이 증여받은 자가 세법상 거주자 또는 비거주자인지 여부에 따라 납세방법이 달라진다. 아울러 비거주자의 증여세 계산방법 및 신고납부방법은 기본적으로 거주자와 동일하나 증여받은 자가 비거주자인 경우 증여재산공제가 적용되지 않는다.

## 증여세 납세의무! 거주자 여부로 판단해야

해외교포의 증여세 납세의무는 증여받은 자의 국적에 상관없이 세법상 거주자인지 비거주자인지에 따라 달라진다. 즉 미국 시민권자인 해외교포도 거주자이면 무제한납세의무를 부담하며, 반대로 한국 국적의 미국 영주권자도 비거주자이면 제한납세의무를 부담한다.

| 수증자 | 납세의무 | 과세대상 |
|---|---|---|
| 거주자 | 무제한납세의무 | 국내·국외에 있는 모든 증여재산 |
| 비거주자 | 제한납세의무 | 국내에 있는 증여재산 |

• 거주자 vs 비거주자 구분

거주자는 상속개시일 현재 국내에 주소를 두거나 183일 이상 거소를 둔 자를 말하며, 비거주자란 거주자가 아닌 사람을 말한다. 여기에서 국내에 주소를 두었는지의 여부는 국내에 생계를 같이하는 가족 및 국내에 소재하는 자산의 유무 등 생활 관계의 객관적 사실에 따라 판단한다. 한편 국외에 거주 또는 근무하는 자가 외국 국적을 가졌거나 외국의 영주권을 얻은 자로서 국내에 생계를 같이하는 가족이 없고 그 직업 및 자산 상태에 비추어 다시 입국하여 주로 국내에 거주하리라고 인정되지 아니하는 경우 주소가 없는 것으로 본다.

• 거주자 · 비거주자 → 거주자에게 증여하는 경우

증여받은 자가 거주자인 경우에는 국내외에 있는 모든 증여재산에 대하여 증여세를 납부할 의무가 있다.

• 거주자 · 비거주자 → 비거주자에게 증여하는 경우

증여받은 자가 비거주자인 경우에는 국내에 있는 증여재산에 대하여 증여세를 납부할 의무가 있으며, 거주자가 비거주자에게 국외에 있는 재산을 증여하는 경우에도 그 증여자는 증여세를 납부할 의무가 있다. 다만 증여받은 자가 증여자의 특수관계인이 아닌 경우로서 해당 재산에 대하여 외국의 법령에 따라 증여세가 부과되는 경우(세액을 면제받는 경우 포함)에는 이중과세를 방지하기 위하여 증여세 납부 의무를 면제한다.

| 구분 | 거주자 → 거주자 | 비거주자 → 거주자 | 거주자 → 비거주자 | 비거주자 → 비거주자 |
|---|---|---|---|---|
| 국내 소재 증여재산 | 납세의무 ○ | 납세의무 ○ | 납세의무 ○ | 납세의무 ○ |
| 국외 소재 증여재산 | 납세의무 ○ | 납세의무 ○ | 납세의무 ○[주)] | 납세의무 × |

주) 증여세 납세의무는 원칙적으로 수증자에게 있지만 예외적으로 거주자가 국외에 있는 소유재산을 비거주자에게 증여하는 경우 증여자가 납세의무를 짐.

## 비거주자라면 증여세 계산은?

재산을 증여받은 해외교포가 세법상 거주자인 경우라면 〈Part 2 증여세 이해하기〉에서 설명한 대로 증여세를 계산하면 된다. 그리고 재산을 증여받은 해외교포가 세법상 비거주자인 경우의 증여세 계산 방법은 기본적으로 거주자와 동일하나 증여재산공제를 적용받을 수 없다.

**사례 보기**

Q. 재미동포의 경우 증여시 한국과 미국의 과세방법은?

| 증여자 | 수증자 | 증여재산 | 증여세 과세내용 | |
|---|---|---|---|---|
| | | | 한국 | 미국 |
| 한국 거주 부모 | 미국 거주자녀 | 한국 소재 재산 | • 과세(수증자)<br>• 증여자 연대납세의무 | 과세 안 함 |
| 한국 거주 부모 | 미국 거주 자녀 | 미국 소재 재산 | • 과세(증여자)<br>• 외국납부세액 공제가능[주2)] | 과세 가능(증여자)[주2)] |
| 미국 거주 부모 | 한국 거주 자녀 | 한국 소재 재산 | 과세(수증자) | 과세(증여자) |
| 미국 거주 부모 | 한국 거주 자녀 | 미국 소재 재산 | • 과세(수증자)<br>• 외국납부세액 공제 가능 | 과세(증여자) |
| 미국 거주 부모 | 미국 거주 자녀 | 한국 소재 재산 | 과세(수증자)[주3)] | 과세(증여자) |
| 한국 거주 부모 | 한국 거주 자녀 | 미국 소재 재산 | • 과세(수증자)<br>• 외국납부세액 공제 가능 | 과세 가능(증여자) |

주1) 위 내용은 재미납세자가 알아야 할 한미세금상식(국세청 발간책자) 참조함.

주2) 미국의 경우 수증자가 아닌 증여자에게 과세되며, 증여자가 시민권자 또는 미국 증여세법상 미국거주자인 경우에는 일정 금액 이상의 전세계 모든 증여재산에 대하여 증여세 보고 및 납세의무가 있고, 증여자가 미국 증여세법상 비거주 외국인인 경우에는 증여재산이 미국에 소재하고 일정 금액 이상인 경우에 증여세 보고 및 납세의무가 있고 증여자가 미국 비거주자인 경우에는 수증자에게 증여세 연대납세의무가 있음. 아울러 미국인의 거주자가 비거주자인 외국인으로부터 증여받은 재산이 일정금액 이상인 경우 소득세로 과세함.

> 2016년 미국은 증여세, 상속세 면제 상당금액이 545만불임. 따라서 2016년에 미국 시민권자인 한국 거주자가 미국 증여세법상 미국 거주자에게 미국 소재 5백만불 재산을 증여하는 경우 미국에서는 증여세를 납부하지 않을 수 있음.

주3) 미국에 거주하는 시민권자 또는 영주권자가 미국의 본인 계좌에서 자금을 인출하여 한국에 송금한 후 그 자금으로 배우자 또는 자녀 명의로 국내 아파트를 사는 경우 배우자 또는 자녀에게 증여한 경우에 해당됨. 따라서 한국에서는 수증자인 배우자 또는 자녀에게 증여세가 과세되고, 미국에서는 증여자에게 증여세가 과세됨(단 증여세 계산시 수증자가 배우자로서 미국시민권자 전액 면제하고 배우자가 미국 비거주주인 경우나 수증자가 자녀 또는 기타의 자인 경우 일정금액의 증여세가 면제됨).

## 비거주자의 증여세 신고납부는?

### • 신고납부 방법은?

비거주자의 증여세 신고납부는 거주자와 동일하게 적용된다. 따라서 비거주자인 수증자는 증여받은 날이 속하는 달의 말일부터 3개월 이내에 관할 세무서장에게 증여세를 신고하여야 하며, 증여세 신고와 동시에 현금으로 증여세를 일시불로 납부하여야 하고 분납이나 연부연납도 허용된다.

### • 신고할 관할 세무서는?

증여세는 수증자의 주소지(주소지가 없거나 분명하지 아니한 경우에는 거소지를 말함)를 관할하는 세무서장이 과세한다. 다만 수증자가 비거주자인 경우 증여자의 주소지를 관할하는 세무서장이 과세한다. 아울러 수증자와 증여자가 모두 비거주자인 경우 증여재산 소재지를 관할하는 세무서장이 과세한다.

**• 증여자의 연대납세의무**

수증자가 비거주자인 경우에는 증여자는 수증자가 납부할 증여세를 연대하여 납부할 의무가 있다.

〈비거주자인 해외교포의 증여세 적용방법〉

| 구분 | 수증자 = 비거주자인 경우 |
|---|---|
| **증여재산가액** | 거주자와 동일함 |
| (-)비과세·불산입재산 | 경우에 따라 다름 |
| (-)부담부증여시 채무액 | 적용 가능함 |
| (+)재차증여재산 | 적용함[주] |
| **증여과세가액** | |
| (-)증여재산공제 | 적용 불가함 |
| (-)감정평가수수료 | 적용 가능함 |
| **증여세과세표준** | |
| (×)세율 | 거주자와 동일함 |
| **증여세 산출세액** | |
| (-)세대생략할증세액 | 거주자와 동일함 |
| (-)납부세액공제 | 적용 가능함 |
| (-)신고세액공제 | 적용 가능함 |
| (+)가산세 | 적용함 |
| **차가감납부세액** | |
| (-)분납세액 | 적용 가능함 |
| (-)연부연납세액 | 적용 가능함 |
| **자진납부세액** | |

주) 국외재산과 국내재산을 각각 증여시 제외함.

## 05 가산세 부담 결코 만만치 않다

*무신고시 최대 15년 동안 가산세를 더해서 추징 가능해*

증여세 세무조사로 증여세가 추징된다면 10~40% 수준의 신고불성실가산세와 연 9.125% 수준의 납부불성실가산세가 증여세에 더해져서 부과된다.

### 증여세 과소신고 상황이면

증여세 신고는 정상적으로 하였으나 증여재산누락, 증여재산 과소평가 또는 채무나 증여재산공제의 과다적용 등의 이유로 증여세가 결과적으로 과소신고·납부된 상황이라면 과소신고납부세액의 10%(재산은닉 등의 부정행위가 드러나면 40%)를 과소신고가산세로 납부하여야 하며, 이와 별도로 연마다 이자 성격의 납부불성실가산세를 납부하여야 한다.

| 구분 | | | 계산방식 |
|---|---|---|---|
| 신고<br>불성실<br>가산세 | 무신고<br>가산세 | 일반무신고의 경우 | 무신고납부세액×20% |
| | | 부정무신고의 경우 | 무신고납부세액×40% <sup>주1)</sup> |
| | 과소신고<br>가산세 | 일반과소신고의 경우 | 과소신고납부세액×10% |
| | | 부정과소신고의 경우 | 부정과소신고납부세액×40%<sup>주1)</sup> |
| 납부불성실가산세 | | | 미납세액×미납일수×2.5/10,000<sup>주2)</sup> |

주1) 국제거래의 경우 60%
주2) 2019.02.11. 이전에는 3/10,000

# 증여세 무신고 상황이면

증여받은 자가 증여세를 신고하지 않았는데 세무조사로 인하여 증여세를 신고하지 않은 사실이 밝혀진다면 무신고납부세액의 20%(거짓 문서 작성 등으로 인한 부정행위가 드러나면 40%)를 무신고가산세로 납부하여야 하며, 이와 더불어 연마다 이자 성격의 납부불성실가산세를 납부하여야 한다.

## 사례 보기

부친 사망으로 인하여 상속세 조사과정에서 9년 전(2010.01.10.)에 장남에게 증여한 2억원이 신고되지 않은 사실이 발견되었다면 과세는 어떻게 되나(납부일은 2019.10.31.이라고 가정함)?

### 해설

**1. 납부할 증여세의 계산**

① 증여세: (2억원 - 3천만원<sup>주)</sup>) × 세율(20%) = 24,000천원

* 주) 2008년 이전 성인인 직계비속 증여재산공제는 3천만원이었음.

② 신고불성실가산세: 무신고납부세액(24,000천원) × 20% = 4,800천원

③ 납부불성실가산세: 25,476천원<sup>주)</sup>

* 주) [무신고납부세액(24,000천원) × 3,320일(10.01.10~19.02.11) × 3 × 1/10,000] + [무신고 납부세액(24,000천원) × 262일(19.02.12~19.10.31) × 2.5 × 1/10,000]
④ 증여세 합계(=①+②+③): 54,276천원

### 2. 사전증여재산의 상속세의 합산

부친의 상속세 재산에서 장남의 상속일로부터 10년 이내 사전증여재산은 상속재산에 합산하여 계산하고 증여세 산출세액 24,000천원은 기납부세액으로 공제하여 계산함.


## 조기에 수정신고하면 감면가능

### • 조기에 수정신고를 한 경우

증여세 신고기한까지 신고하지 않았으나 증여세 신고기한 마감일로부터 6개월 이내에 기한후신고 하거나 증여세 신고기한까지 과소신고 하였으나 2년 이내에 수정신고 하면 과소신고가산세의 일정률을 감면한다.

| 수정신고시점 | 무신고 → 기한후신고 | 과소신고 → 수정신고 |
|---|---|---|
| 신고기한 마감일~1개월 | 50% 감면 | 50% 감면 |
| 1개월~6개월 | 20% 감면 | |
| 1개월~1년 | - | 20% 감면 |
| 1년~2년 | - | 10% 감면 |

### • 단순공제 착오 · 재산평가차이에 의한 경우

① 증여재산공제 적용에 착오가 있는 경우, ② 증여재산의 평가방법의 차이에 의하여 과소신고가 발생한 경우, ③ 증여세 신고당시 소

유권에 대한 소송 등의 사유로 증여재산으로 확정되지 않는 등의 신고의무 불이행에 정당한 사유가 있는 경우 과소신고가산세 적용이 배제된다(단 납부불성실가산세는 면제되지 않음).

## 06  증여세 신고 안 하면 진짜 걸릴까?

*평소 과세당국은 ntis를 통하여 과세자료를 축적하고 있어*

주변에서 부동산 구입명목으로, 결혼자금 명목으로 부모가 자녀에게 증여를 하는 경우를 많이 본다. 그런데 막상 증여세를 추징당했다는 이야기는 많이 들을 수 없다. 증여세 신고를 하지 않았을 경우에 과연 과세당국에서는 증여사실을 어떤 경로를 통하여 파악하고 있는 것일까?

### 증여자료 수집은 어떻게 하나?

**• 일상적으로 과세관련 자료를 수집관리해**

과세당국에서는 「과세자료의 제출 및 관리에 관한 법률」이나 각종 법률 규정에 의하여 관계기관으로부터 증여 관련 기초자료를 제출받아서 관련 DB를 국세통합시스템(NTIS) 전산망을 통하여 종합관리하고 있다.

| 구분 | 수집되는 과세자료 | 관련기관 |
|---|---|---|
| 부동산 | 부동산 등기자료 | 대법원 |
| 금융재산 | 이자·배당소득 지급명세서 | 금융기관 |
| 주식 | • 주식 등 변동상황명세서<br>• 명의변경조서 | 주식발행법인<br>명의개서 변경취급자 |

### • 세무조사시 파생자료

상속세나 소득세 등의 각종 세무조사 과정에서 증여사실이 드러나면 조사담당자는 증여와 관련된 자료를 과세관할 세무서장에게 통보한다.

### • 세원정보 분석·수집자료

과세관청의 자체적인 세원분석자료, 세무공무원의 탈세 수집정보나 일상 정보에 수집되는 밀알 정보 등과 외부적으로 수집된 탈세제보 자료를 통하여 증여사실을 파악하기도 한다.

### • FIU 금융자료

금융기관은 1천만원 이상 현금의 입출금거래(CTR) 또는 금융거래와 관련한 재산이 불법재산이라고 의심되는 거래(STR)에 대해서 이를 금융정보분석원(FIU)에 보고하도록 법제화되어 있는데 이를 통하여 증여사실을 파악하기도 한다.

# 국세청의 증여혐의 자체 분석방법은?

## • 자금출처 검증시스템

　재산취득자의 직업, 연령, 소득 및 재산상태 등으로 볼 때 자력으로 재산을 취득하였다고 보기 어려운 경우 또는 채무를 자력으로 상환하였다고 보기 어려운 경우에는 이를 일단 증여받은 것으로 추정하고 자금출처조사를 하게 된다. 이를 구체적으로 살펴보면 국세청은 여러 통로를 통하여 수집된 증여 관련 기초 자료를 토대로 재산종류별로 일정 금액 이하의 소액거래를 제외(이를 '증여추정 배제기준금액'이라 함)한 나머지 거래에 대하여 자금출처 부족혐의자를 전산으로 추출하여 서면검토 한 후, 그 중에서 증여혐의가 있다고 판단되면 최종적으로 서면확인대상자로 선정하여 자금출처조사를 하게 된다. 이 경우 소액거래에 해당하는 증여추정 배제기준금액은 다음과 같다.

〈연령별 재산취득·채무상환 금액기준의 증여추정 배제기준〉

| 구분 | | 취득재산 | | 채무상환 | 총액한도 |
|---|---|---|---|---|---|
| | | 주택 | 기타재산 | | |
| 40세 이상인 자 | 세대주 ○ | 3억원 | 1억원 | 5천만원 | 4억원 |
| | 세대주 × | 1.5억원 | 1억원 | 5천만원 | 2.5억원 |
| 30세 이상인 자 | 세대주 ○ | 1.5억원 | 5천만원 | 5천만원 | 2억원 |
| | 세대주 × | 7천만원 | 5천만원 | 5천만원 | 1.2억원 |
| 30세 미만인 자 | | 5천만원 | 5천만원 | 5천만원 | 1억원 |

## • 주식변동 검증시스템

　사업연도 중에 주식 등의 변동사항이 있는 법인은 법인세 신고기한까지 주식등변동상황명세서를 납세지 관할 세무서장에게 제출하여야 한다. 아울러 국내에서 주식, 출자지분, 공채, 사채(社債), 채권 및 특정시설물을 이용할 수 있는 권리 등의 명의개서 또는 변경을 취급하는 자는 명의개서 또는 변경 내용을 관할세무서장에게 제출하여야 한다. 이러한 과정을 통하여 수집된 주식의 변동사항을 토대로 증여사실을 파악한다.

• PCI분석시스템

  소득-지출시스템(PCI)이란 일정 기간 동안 납세자의 신고소득과 재산증가금액 및 소비지출액을 비교평가 하는 시스템을 말한다. 이를 통하여 소득이 없거나 미성년자처럼 취득능력이 부족한 자가 재산이 증가하거나 과도한 소비수준을 유지하는 경우에 증여여부를 검증하게 된다.

• 고액재산가 인별 관리시스템

  과세당국은 고액재산가에 대하여 인별로 재산의 상시 변동내역을 파악하여 이를 토대로 증여사실을 파악하기도 한다.


## 증여세를 추징할 수 있는 기간은?

  형법상 공소시효나 채권의 소멸시효같이 국세에서도 일정 기간 안에 이를 행사하지 않으면 과세관청에서 부과권을 행사할 수 없다. 증여세의 경우 부과제척기간은 무신고의 경우 15년, 과소신고의 경우 10년으로 다른 세금(예: 소득세는 무신고 7년, 과소신고 5년)보다 무척 길다.

| 구분 | 제척기간 |
|---|---|
| 법정신고기한 내에 신고서를 제출하지 아니한 경우(무신고) | |
| 다음의 사유로 거짓신고·누락신고를 한 경우<br>　① 부담부증여시 가공의 채무를 빼고 신고한 경우<br>　② 등기, 등록, 명의개서 등이 필요한 재산을 수증자 명의로 등기 등을 하지 아니한 경우로서 그 재산을 신고에서 누락한 경우<br>　③ 예금, 주식, 채권, 보험금 등 금융자산을 신고에서 누락한 경우 | 15년 |
| 납세자가 부정행위로 증여세를 포탈하거나 환급·공제받은 경우 | |
| 기타의 경우(과소신고) | 10년 |

**미리 대비하는 증여세 조사**

*신고시 대부분 서면 결정하지만 세무조사 하는 경우도 있어*

증여세를 신고한 경우 특별한 탈루가 없으면 대부분 서면결정으로 종결되지만 과세사실 파악이 필요한 경우 해명자료 제출안내 절차 또는 실지조사를 통하여 확정하게 된다.

## 증여세 세무조사 프로세스

### • 1단계: 증여 과세자료 수집

국세청은 납세자의 세금신고나 「과세자료의 제출 및 관리에 관한 법률」 또는 세법상 지급명세서 등의 협력의무를 통하여 증여와 관련한 각종 과세자료를 평소에 수집하고 있다.

### • 2단계: 자료 분류와 조사방법 결정

실지조사 없이도 과세가 가능한 경우나 증여재산가액이 증여재산 공제액에 미달하여 실지조사에 의하지 않고도 처리가 가능한 경우에 서면결정에 의하여 증여세 처리절차가 완결된다. 반면에 실지조사가 필요한 경우는 과세관청의 조사담당부서에서 조사계획을 수립하여 조사에 착수하게 된다.

### • 3단계: 증여세 세무조사 실시

증여세 실지조사 대상으로 선정되면 과세당국에서는 조사계획을 수립하고 가족관계·재산현황이나 증여세 신고내용을 통하여 사전 준비 작업 후 납세자를 대상으로 실제 세무조사에 착수하게 된다.

### • 4단계: 세무조사 종결과 마무리

세무공무원은 세무조사를 마쳤을 때에는 그 조사를 마친 날부터 20일 이내에 조사결과를 납세자에게 설명하고 이를 서면으로 통지하여야 한다. 과세예고통지를 받은 납세자는 과세전적부심사를 청구하지 아니하고 통지받은 내용에 대하여 조기에 결정해 줄 것을 신청할 수 있다. 만일 조기결정신청을 하거나 과세예고 통지 이후 30일 내에 아무런 조치 없이 지나면 관할 세무서에서는 납세고지서를 납세자에게 보낸다.

### • 5단계: 세무조사에 대한 조사불복

세무조사 결과에 대하여 납세자 입장에서 받아들일 수 없는 사안이 있다면 조세불복을 신청할 수 있다. 조세불복에는 3가지 종류가 있는데, 세무조사 이후 납세고지서 발송이전시점, 즉 과세예고통지서를 받은 날로부터 30일 내에 할 수 있는 과세전적부심사와 납세고지가 된 이후에 해당 처분의 통지를 그 받은 날부터 90일 내에 할 수 있는 행정심판절차(이의신청 · 국세청심사청구 · 감사원심사청구 · 국세심판청구)와 행정소송절차가 있다.

### • 6단계: 증여세의 사후관리

부담부증여로 증여세 계산과정에서 공제된 채무금액은 국세통합전산망(NTIS)에 입력하고 채무가 상환될 때까지 가공채무인지 여부와 상환과정에서의 증여가 없었는지 여부 등을 부채사후관리대장을 통하여 관리한다. 아울러 장애인의 증여세 과세가액 불산입규정, 창업자금에 대한 증여세 과세특례규정, 가업승계에 대한 증여세 과세특례규정, 영농자녀가 증여받은 농지에 대한 증여세 감면규정, 공익법인 등의 출연재산에 대한 과세가액 불산입규정 등에 의하여 증여세를 공제 · 감면받은 경우 사후관리카드를 작성하고 이를 NTIS에 입력하여 사후 관리한다.

## 증여세 조사기간은?

증여세 조사기간은 증여재산의 종류와 조사의 난이도 등을 감안하여 세무조사에 필요한 최소한의 기간으로 한다. 다만 조사과정에서 필요한 경우에는 조사기간을 연장할 수 있다. 과세당국은 증여신고기한 종료일로부터 6개월 이내에 세무조사를 종결하여 증여세를 결정하여야 한다.

# 08 증여 이후 체크할 사항은?

증여 후라도 10년 동안은 각종 세금에 영향을 미칠 수 있어

증여세 신고 마감일로부터 6개월 이내에 신고금액보다 하락한 매매가액 등이 발견되면 납세자는 국세청에 시가인정 심의를 신청하여 증여세를 환급받는 것이 필요하다. 아울러 배우자 또는 직계존비속으로부터 증여받은 부동산을 5년 이내에 양도하면 양도소득의 필요경비 계산 특례규정이 적용되므로 이에 대한 영향을 고려하여 양도시기를 결정하여야 한다. 한편 증여 이후 10년 이내에 증여자가 사망하거나 또다시 증여가 발생하면 상속세나 증여세 계산에서 합산과세를 한다.

## 6개월 이내 시가가 추가발생 되면

2019년 세법개정으로 인하여 증여세 신고기한 마감일로부터 6개월 이내에 매매가액 등 시가로 보는 금액이 있는 경우 납세자 또는 세무서장의 신청에 의하여 국세청 평가심의위원회의 심의를 통하여 해당 매매가액 등을 증여금액으로 평가하도록 규정이 바뀌었다. 따

라서 납세자는 만일 당초 신고금액보다 하락한 매매가액이나 감정가액이 발견한다면 과다 신고한 증여세를 환급받을 수 있다. 이 경우 시가인정심의 신청기한은 해당 매매 등이 있는 날로부터 6개월 이내이다.

## 5년 내 증여재산을 양도하면

양도일부터 소급하여 5년 이내에 그 배우자 또는 직계존비속으로부터 증여받은 재산 중 부동산이나 부동산상의 권리를 양도하여 양도소득세의 양도차익을 계산할 때 증여재산의 취득가액은 그 배우자 또는 직계존비속의 취득 당시 취득금액으로 한다. 다만 배우자나 직계존비속간의 증여재산이 아닌 경우나 증여 이후 5년 이후 양도한 경우의 취득가액은 증여 당시 가액에 의한다. 이에 증여받은 재산을 5년 이내에 양도시 양도소득세에 미치는 영향을 면밀히 따져 양도시기를 정해야 한다.

## 10년 내 증여자가 사망하면

상속개시일 전 10년 이내에 피상속인이 상속인에게 생전증여 하였거나 5년 이내에 피상속인이 상속인이 아닌 자(예: 손자나 사위·며느리에게 증여한 경우)에게 생전증여 하였다면 피상속인의 상속세 계산과정에서 그 사전증여금액은 상속재산가액에 합산하여 계산하여야 한다. 이는 상속인이 비록 상속을 포기하거나 한정승인신청을 한 경우에도 적용된다. 반면에 수증자(母)가 피상속인(父)으로부터 재산을 증여받고 피상속인(父)의 사망하기 전에 먼저 사망한 경우라면 피상속인의 상속세과세가액에 사전증여재산을 합산하지 아니한다.

## 10년 내 수증자가 또 증여받으면

해당 증여일 전 10년 이내에 동일인(증여자가 직계존속인 경우에는 그 직계존속의 배우자를 포함)으로부터 증여받은 경우에 증여재산가액을 합친 금액이 1천만원 이상이라면 그 가액을 증여세 과세가액에 가산하여 계산한다. 아울러 증여재산공제는 수증자를 기준으로 증여자가 배우자이면 6억원, 직계존비속이면 5천만원(직계비속이 미성년자이면 2천만원), 기타친족이면 1천만원을 공제되는데 이 경우 수증자를 기준으로 그 증여를 받기 전 10년 이내에 공제받은 금액과 해당 증여가액에서 공제받을 금액을 합친 금액이 증여재산공제액을 초과하는 경우에는 그 초과하는 부분은 공제하지 아니한다. 따라서 10년 이내에 재증여가 있는 경우 증여세에 미치는 영향을 미리 고려하여 판단하여야 한다.

| 증여 → 증여 | 재차증여 재산 합산 | • 증여시점에서 소급하여 수증자가 증여자로부터 10년 이내에 증여받은 재산이 있는 경우: 증여세 합산과세 • 기납부 증여세액: 납부세액공제 |
|---|---|---|
| 증여 → 상속 | 사전증여 재산 합산 | • 상속시점에서 소급하여 피상속인이 타인에게 10년(상속인외 5년) 이내에 증여한 재산이 있는 경우: 상속세 합산과세 • 기납부 증여세액: 증여세액공제 |
| 상속 → 증여 | - | - |
| 상속 → 상속 | 단기재상속세 액공제 | 상속시점에서 소급하여 10년 이내 이미 상속세가 과세된 재산을 재상속받는 경우: 기 납부한 상속세의 일정률 공제 |

# 부록

# 부동산 증여 계약서

부동산의 표시

1. ○○시 ○○구 ○○동 ○○

    대 300㎡

2. 위 지상

    시멘트 벽돌조 슬래브지붕 2층 주택

    1층 ○○㎡

    2층 ○○㎡


위 부동산은 증여인의 소유인 바 이를 수증인 ○○○에게 증여할 것을 약정하고 수증인은 이를 수락하였으므로 이를 증명하기 위하여 각자 서명·날인한다.


20○○년 ○월 ○일

| 증여인 | 주 소 | | | | | | |
|---|---|---|---|---|---|---|---|
| | 성 명 | | 인 | 주민등록번호 | - | 전화번호 | |
| 수증인 | 주 소 | | | | | | |
| | 성 명 | | 인 | 주민등록번호 | - | 전화번호 | |

# 부담부 부동산 증여계약서

증여자 ○○○(이하 "갑"이라고 한다)와 수증자 ◇◇◇(이하 "을"이라 한다)은 아래 표시의 부동산(이하 "표시 부동산"이라고 한다)에 관하여 다음과 같이 증여계약을 체결한다.

**[부동산의 표시]**

○○시 ○○구 ○○길 ○○ 토지 및 건물

**제1조(목적)** 갑은 갑 소유 표시 부동산을 을에게 증여하고, 을은 이를 승낙한다.

**제2조(증여시기)** 갑은 을에게 20○○년 ○월 ○일까지 표시 부동산의 소유권이전등기와 동시에 인도를 한다.

**제3조(부담부분)** 을은 표시 부동산의 증여를 받는 부담으로 증여 부동산의 임대보증금 ○○○원을 인수한다.

이 계약을 증명하기 위하여 계약서2통을 작성하여 갑과 을이 서명·날인한 후 각각 1통씩 보관한다.

20○○년 ○월 ○일

| 증여자 | 주 소 | | | | | |
|---|---|---|---|---|---|---|
| | 성 명 | 인 | 주민등록번호 | – | 전화번호 | |
| 수증자 | 주 소 | | | | | |
| | 성 명 | 인 | 주민등록번호 | – | 전화번호 | |
| 입회인 | 주 소 | | | | | |
| | 성 명 | 인 | 주민등록번호 | – | 전화번호 | |

# 부양조건부 증여계약서(효도계약서)

## 증여재산

○○시 ○○동 ○○번지 토지 ○○㎡와 해당 토지 위 건축물

증여자 ○○○(이하 "갑"이라 한다) 와 수증자 ○○○(이하 "을"이라 한다)는 상기 명시한 명기한 증여재산에 관하여 다음과 같은 증여계약을 체결한다.

– 다 음 –

제1조(부담부 증여계약) 갑은 갑 소유 "표시 증여재산"을 이하에서 정하는 조건에 따라 을에게 증여하며, 을은 이에 대해 승낙한다.

제2조(부담부분) "표시 증여재산"은 을이 다음을 이행할 것을 조건으로 증여한다.

① 최소 1개월 1번 이상 방문한다.

② 갑과 갑의 부인의 병의원 치료 및 진료로 발생하는 금전적 사항을 책임진다.

③ 계약체결일 이후 매월 상호 합의한 일자에 ○○○만원씩 지급한다.

④ 갑의 사망 이전 증여된 부동산 매각, 담보 재공시에는 갑의 동의를 받는다.

제3조(계약의 해제 와 해제 후 조치)

① 갑은 을이 다음에 해당할 경우 계약을 해제할 수 있다.

　　1. 제2조 1항에서 3항에 대해 3회 이상을 지키지 않을 경우.

　　2. 갑의 동의 없이 증여재산에 대한 매각 또는 담보를 제공할 경우.

　　3. 도박, 음주 등에 의한 재산을 낭비할 염려가 있을 경우.

　　4. 갑 또는 그 배우자 혹은 직계혈족에 대한 범죄행위를 할 경우.

② ①에 의해 계약이 해제되었을 경우 을은 갑에게 다음 사항을 이행해야 한다.

　　1. 을은 갑에 대하여 지체 없이 "표시 증여재산" 중 부동산의 소유권이전등기와 동시에 인도를 해야 한다.

　　2. 현금 및 예금은 갑이 을에게 증여한 원금 그대로 지급해야 하고, 이행하지 않을 경우 법정이자를 가산하여 지급하여야 한다.

갑과 을은 상기의 부담부증여를 증명하기 위해 이 부담부증여 계약서를 작성하고 증여인 및 수증인은 아래에 각 기명날인 하여 1통씩 소지 보관한다.

2019.00.00

**증여인(갑)**　　　　　　　　　(인)

주민등록번호 : 000000-0000000

주소 : 서울시 강남구 ○○동 ○○번지 ○○동 ○○○호

**수증인(을)**　　　　　　　　　(인)

주민등록번호 : 000000-0000000

주소: 제주도 제주시 00동 00번지

[별지 제10호서식] (2019. 3. 20. 개정)

# 증여세과세표준신고 및 자진납부계산서
## (기본세율 적용 증여재산 신고용)

| 관리번호 | - |
|---|---|

[ ]기한 내 신고 [ ]수정신고 [ ]기한 후 신고

※ 뒤쪽의 작성방법을 읽고 작성하시기 바랍니다. (앞쪽)

| 수증자 | ① 성 명 | | ② 주민등록번호 | | ③ 거 주 구 분 [ ] 거주자 [ ]비거주자 |
|---|---|---|---|---|---|
| | ④ 주 소 | | | | ⑤ 전 자 우 편 주 소 |
| | ⑥ 전화번호 (자 택) | | (휴대전화) | | ⑦ 증여자와의 관계 |
| 증여자 | ⑧ 성 명 | | ⑨ 주민등록번호 | | ⑩ 증 여 일 자 |
| | ⑪ 주 소 | | | | ⑫ 전 화 번 호 (자 택) (휴대전화) |
| 세 무 대리인 | ⑬ 성 명 | | ⑭ 사업자등록번호 | | ⑮ 관 리 번 호 |
| | ⑯ 전화번호 (사무실) | | (휴대전화) | | |

| | | | 증 여 재 산 | | | | |
|---|---|---|---|---|---|---|---|
| ⑰ 재산구분코드 | ⑱ 재산종류 | ⑲ 지목 또는 건물·재산종류 | 국외자산여부 국외재산국가명 | ⑳ 소재지·법인명 등 | ㉑ 수량(면적) | ㉒ 단가 | ㉓ 금액 |
| | | | [ ]여 [ ]부 | | | | |
| | | | [ ]여 [ ]부 | | | | |
| | | | [ ]여 [ ]부 | | | | |
| | | 계 | | | | | |

| 구 분 | 금 액 | 구 분 | 금 액 |
|---|---|---|---|
| ㉔ 증 여 재 산 가 액 | | ㊹ 세 액 공 제 합 계 (㊺ + ㊻ + ㊼ + ㊽) | |
| ㉕ 비 과 세 재 산 가 액 | | ㊺ 기 납 부 세 액 (「상속세 및 증여세법」 제58조) | |
| 과세가액 불산입 ㉖ 공익법인 출연재산가액 (「상속세 및 증여세법」 제48조) | | 세액공제 ㊻ 외 국 납 부 세 액 공 제 (「상속세 및 증여세법」 제59조) | |
| ㉗ 공 익 신 탁 재 산 가 액 (「상속세 및 증여세법」 제52조) | | ㊼ 신 고 세 액 공 제 (「상속세 및 증여세법」 제69조) | |
| ㉘ 장애인 신탁재산가액 (「상속세 및 증여세법」 제52조의2) | | ㊽ 그 밖의 공제·감면세액 | |
| ㉙ 채 무 액 | | ㊾ 신 고 불 성 실 가 산 세 | |
| ㉚ 증 여 재 산 가 산 액 (「상속세 및 증여세법」 제47조제2항) | | ㊿ 납 부 불 성 실 가 산 세 | |
| ㉛ 증 여 세 과 세 가 액 (㉔ - ㉕ - ㉖ - ㉗ - ㉘ - ㉙ + ㉚) | | 51 공익법인 등 관련 가산세 (「상속세 및 증여세법」 제78조) | |
| 증여재산공제 ㉜ 배 우 자 | | 52 자 진 납 부 할 세 액 (합계액) (㊶ + ㊷ - ㊸ - ㊹ + ㊾ + ㊿ + 51) | |
| ㉝ 직 계 존 비 속 | | 납부방법 납부 및 신청일 | |
| ㉞ 그 밖의 친족 | | 53 연 부 연 납 | |
| ㉟ 재 해 손 실 공 제 (「상속세 및 증여세법」 제54조) | | 현금 54 분 납 | |
| ㊱ 감 정 평 가 수 수 료 | | 55 신 고 납 부 | |
| ㊲ 과세표준(㉛ - ㉜ - ㉝ - ㉞ - ㉟ - ㊱) | | | |
| ㊳ 세 율 | | | |
| ㊴ 산 출 세 액 | | | |
| ㊵ 세 대 생 략 가 산 액 (「상속세 및 증여세법」 제57조) | | | |
| ㊶ 산 출 세 액 계 (㊴ + ㊵) | | | |
| ㊷ 이 자 상 당 액 | | | |
| ㊸ 박물관자료 등 징수유예세액 | | | |

「상속세 및 증여세법」 제68조 및 같은 법 시행령 제65조제1항에 따라 증여세의 과세가액 및 과세표준을 신고하며, 위 내용을 충분히 검토하였고 신고인이 알고 있는 사실을 그대로 적었음을 확인합니다.

년 월 일

신 고 인 (서명 또는 인)

세무대리인은 조세전문자격자로서 위 신고서를 성실하고 공정하게 작성하였음을 확인합니다.

세무대리인 (서명 또는 인)

**세무서장** 귀하

| 신청(신고)인 제출서류 | 1. 증여재산 및 평가명세서(부표) 1부<br>2. 채무사실 등 그 밖의 입증서류 1부 | 수수료 |
|---|---|---|
| 담당공무원 확인사항 | 1. 주민등록표등본<br>2. 피상속인 및 상속인의 관계를 알 수 있는 가족관계등록부 | 없음 |

**행정정보 공동이용 동의서**

본인은 이 건 업무처리와 관련하여 담당 공무원이 「전자정부법」 제36조제1항에 따른 행정정보의 공동이용을 통하여 위의 담당 공무원 확인 사항을 확인하는 것에 동의합니다. * 동의하지 않는 경우에는 신청인이 직접 관련 서류를 제출하여야 합니다.

신청인 (서명 또는 인)

210mm×297mm[백상지 80g/㎡(재활용품)]

■ 상속세 및 증여세법 시행규칙 [별지 제11호서식] (2016. 3. 21. 개정)

# 상속세(증여세) 연부연납 허가신청서

(앞쪽)

| 관리번호 | − | | | | | | | | | |
|---|---|---|---|---|---|---|---|---|---|---|
| 신청인 | ① 성 명 | | | | | | ② 주민등록번호 | | | |
| | ③ 주 소 | | | (☎ : ) | | | 전자우편주소 | | | |

| ④ 신고(고지납부)기한 | | ⑤ 총납부세액 | | | ⑥ 최초납부세액 | | | ⑦ 연부연납대상금액(⑤-⑥) | | |
|---|---|---|---|---|---|---|---|---|---|---|
| 구 분 | 1 회 | 2 회 | 3 회 | 4 회 | 5 회 | 6 회 | 7 회 | 8 회 | 9 회 | 10회 |
| 납부예정일 | | | | | | | | | | |
| 납부예정 세액 | | | | | | | | | | |
| 구 분 | 11회 | 12회 | 13회 | 14회 | 15회 | | | | | |
| 납부예정일 | | | | | | | | | | |
| 납부예정 세액 | | | | | | | | | | |

「상속세 및 증여세법」 제71조 및 같은 법 시행령 제67조 · 제68조에 따라 위와 같이 연부연납 허가를 신청합니다.

년 월 일

신청인 (서명 또는 인)

신청인 (서명 또는 인)

신청인 (서명 또는 인)

신청인 (서명 또는 인)

---

## 등 기 승 낙 서

년 월 일 납세담보제공서에 표시된 부동산에 대하여 납세담보의 목적으로 저당권을 설정할 것을 승낙합니다.

년 월 일

신청인 (서명 또는 인)

**세무서장** 귀하

| 신청인 제출서류 | 1. 유가증권인 경우 공탁영수증 1부<br>2. 은행의 지급보증서 1부<br>3. 납세담보제공서 1부 | 수수료 |
|---|---|---|
| 담당공무원 확인사항 | 1. 토지 등기사항증명서<br>2. 건물 등기사항증명서 | 없음 |

### 행정정보 공동이용 동의서

본인은 이 건 업무처리와 관련하여 담당 공무원이 「전자정부법」 제36조제1항에 따른 행정정보의 공동이용을 통하여 위의 담당 공무원 확인사항을 확인하는 것에 동의합니다. * 동의하지 아니하는 경우에는 신청인이 직접 관련 서류를 제출하여야 합니다.

신청인 (서명 또는 인)

210mm×297mm[ 백상지 80g/㎡ (재활용품)]

# 실전 Edition I
# 증여 솔루션

ⓒ 노희구, 2019

초판 1쇄 발행 2019년 11월 1일

지은이      노희구
펴낸이      이기봉
편집        좋은땅 편집팀
펴낸곳      도서출판 좋은땅
주소        서울 마포구 성지길 25 보광빌딩 2층
전화        02)374-8616~7
팩스        02)374-8614
이메일      gworldbook@naver.com
홈페이지    www.g-world.co.kr

ISBN   979-11-6435-757-4 (03320)

이 도서의 국립중앙도서관 출판예정도서목록(CIP)은 서지정보유통지원시스템 홈페이지(http://seoji.nl.go.kr)와 국가자료공동목록시스
템(http://www.nl.go.kr/kolisnet)에서 이용하실 수 있습니다. (CIP제어번호 : CIP2019041932)